TABLE DES MATIÈRES

PREMIÈRE PARTIE

APERÇU DE L'EXPANSION FRANÇAISE JUSQU'EN 1895-1896

CHAPITRE PREMIER

VERS LE NIGER

L'expansion française s'est produite vers le Niger en partant du Sénégal, de la Côte de Guinée et du Sud Algérien.

SÉNÉGAL

C'est le **Général Faidherbe** qui, le premier, eut la pensée d'atteindre le *Niger* et *Tombouctou*, pour faire de la colonie du Sénégal le débouché de tout le commerce du *Soudan*. La guerre de 1870 arrêta ses efforts.

C'est seulement en 1878, sous le gouvernement du **Colonel Brière de l'Isle,** que reprend le mouvement vers l'Est.

En 1882, le Niger est atteint à **Bammako**. En 1884, la première canonnière flotte sur le fleuve.

En 1894, tout le cours du *Haut-Niger*, depuis ses sources jusqu'à **Tombouctou**, est acquis à la France ; les colonnes expéditionnaires débordent sur la rive droite et, peu à peu, vont assurer la possession de l'intérieur de la boucle.

Le mouvement d'expansion, qui ne s'était d'abord produit que par le Sénégal, se généralise après la signature des actes par lesquels l'Europe se partage l'Afrique.

EXPANSION DE LA FRANCE

VERS LE NIGER

LE TCHAD & LE NIL

CONFÉRENCE

FAITE

AUX OFFICIERS DE LA GARNISON DE NANCY

PAR

Le Commandant MOUSSY

DU 79ᵉ DE LIGNE

NANCY

A. CRÉPIN-LEBLOND, IMPRIMEUR-ÉDITEUR

21, rue Saint-Dizier, 40, rue des Dominicains

1899

1899

EXPANSION DE LA FRANCE

VERS LE NIGER
LE TCHAD & LE NIL

CONFÉRENCE

FAITE

AUX OFFICIERS DE LA GARNISON DE NANCY

PAR

Le Commandant MOUSSY

DU 79ᵉ DE LIGNE

NANCY

A. CRÉPIN-LEBLOND, IMPRIMEUR-ÉDITEUR

21, rue Saint-Dizier, 40, rue des Dominicains

1899

En 1885, l'**Acte général de Berlin** délimite les droits de chaque puissance sur **le littoral**.

En 1890, l'**Acte général de Bruxelles** règle la question de l'**Hinterland**.

*Ces deux actes interdisent la traite, la contrebande de guerre, le trafic de l'alcool, proclament la liberté de navigation sur le **Niger** et le **Congo** et règlent les droits du premier occupant d'un territoire vacant.*

En outre, par la **Convention du 5 août 1890,** conclue avec l'Angleterre, celle-ci concède généreusement à la France ce qu'elle appelle les « *terres légères* » du Sahara en échange de ses droits sur le **Sokoto**.

La limite de l'influence Nord-Sud des deux nations est marquée par la ligne **Say-Barroua,** du Niger au Tchad.

La liaison entre le Sénégal, le Niger et la Guinée française par le Fouta Djallon est réalisée complètement en 1893.

Les explorateurs s'élancent de toutes parts dans l'intérieur de la boucle pour y faire dominer l'influence française.

De 1887 à 1889, le **Capitaine Binger** parcourt la transversale Bammako, Sikasso, Ouaghadougou, Salaga, Kong, Grand Bassam.

De 1890 à 1892 le **Capitaine Monteil** suit la ligne Segou, Sikasso, Ouaghadougou, Say, Sokoto, Kano, entrevoit le Tchad à Kouka et rejoint la Méditerranée par Bilma, Mourzouk et Tripoli.

COTE D'IVOIRE

De la Côte d'Ivoire, les explorations des officiers **Quiquerez, Tavernost, Arago, Ménard** donnent les premiers renseignements sur la configuration de la région et les fleuves qui la sillonnent.

La mission la plus complète est celle du **Capitaine Marchand** qui, en 1893, remonte le Bandama et atteint Tengrela sur la Bagoë (12 février 1894) après avoir heureusement échappé aux bandes de **Samory** qui, battues par le **Commandant Combes,** sur le Haut Niger, s'enfuient vers l'Est.

Le Capitaine *Marchand* entrevoit là le **Transnigérien**.

Le *Bandama* est en partie navigable ; sa direction prolonge celle de la Bagoë dont il n'est séparé que par 65 kilomètres. Le rapport qu'il fait à la suite de cette exploration fait ressortir les grands avantages qui peuvent résulter de sa découverte.

C'est la liaison assurée entre la *Côte d'Ivoire* et le *Soudan*, mais, pour la réaliser, il est nécessaire de détruire la puissance de *Samory*.

C'est alors qu'on rappelle le *Commandant Monteil* du Congo où il vient à peine d'arriver pour tenter de gagner le Nil, et on le lance sur *Samory*.

EXPÉDITION MONTEIL
(Octobre 1894 — Mars 1895.)

Cette colonne eut le sort de toutes les expéditions trop rapidement préparées.

Le Commandant Monteil fit des observations sur l'insuffisance de ses forces, sur la qualité de ses vivres, demanda la coopération de colonnes venues du Nord, ce qui était assez logique ; on le pressa de commencer les opérations et il dut mener la campagne avec ses seules forces, car le Gouverneur du Sénégal, alors M. Grodet, refusa de faire marcher à sa rencontre la colonne qui, cependant, était prête sur le Niger.

Sur sept compagnies, le Commandant Monteil est forcé d'en échelonner trois sur sa ligne d'opérations pour assurer ses communications et le ravitaillement.

Avec les quatre autres, soit 355 fusils, il pousse jusqu'à 400 kilomètres du littoral, à **Sokolo-Dioulassou.** C'est là que lui parvient l'ordre de battre en retraite.

Dès qu'il prononce son mouvement de recul, il est assailli de toutes parts.

En dix-huit jours, traînant avec lui une population de 6000 personnes qui fuient les représailles de Samory, il livre treize combats pour se dégager et regagne le littoral.

Jusqu'en 1896, les derniers postes occupés au Nord de la Côte d'Ivoire furent **Toumodi** et **Kouadiokofi.**

DAHOMEY

L'expansion, par le Dahomey, se produisit après les deux campagnes de 1892 et 1894, conduites par le **Général Dodds**.

La mission du **Commandant Decœur** et du **Lieutenant Baud** est lancée au Nord vers le Niger, sur **Say**.

Dès que les Allemands et les Anglais apprennent cette nouvelle, ils organisent des missions pour lutter de vitesse avec la mission française.

Le Capitaine anglais **Lugard** quitte l'Europe quatre jours après le *Commandant Decœur*, arrive aux Bouches du Niger, remonte le fleuve à 880 kilomètres sur un vapeur de la « *Royal Niger Company* », organise sa mission sur place (40 Haoussas, 300 porteurs) et atteint **Nikki** cinq jours avant le commandant Decœur.

Un hasard heureux nous permet de conserver l'avantage. Dans sa précipitation, le Capitaine *Lugard* n'a signé son traité qu'avec le chef religieux alors que le Commandant signe le sien avec le véritable chef du pays.

La mission *Decœur*, après avoir atteint *Say*, se dédouble. Le Commandant rentre à *Carnotville* et *Abomey* ; le Capitaine *Baud* regagne la côte par *Gambakha*, *Bondoukou* et *Grand-Bassam*.

La mission allemande du **Docteur Grüner** fut moins alerte. Elle passa généralement après la mission française, poussa sur la rive gauche du Niger jusqu'à **Gando** et revint avec des traités que, naturellement, l'Allemagne ne put faire valoir plus tard.

La **mission Decœur** et l'énergique activité du **Gouverneur M. Ballot** et de ses administrateurs ont acquis à la France les premiers droits sur le Haut Dahomey par lequel devait s'accomplir la liaison avec le Soudan Français.

SUD ALGÉRIEN

Par l'Algérie, l'expansion vers le Niger a été plus lente à se produire et cependant on y disposait de tous les moyens d'action les plus divers et les plus nouveaux résultant de la marche du progrès.

C'est que par cette direction l'obstacle matériel et l'obstacle moral avaient plus de valeur.

L'obstacle matériel, c'était le manque absolu de ressources de la région saharienne, c'était la présence de tribus plus guerrières et plus puissamment organisées : **Ouled Sidi Cheikh, Châmbaa, Touareg** et **habitants du Touat.**

L'obstacle moral était créé par les sectes religieuses musulmanes systématiquement opposées à toute pénétration.

Parmi les principales, c'était la plus récente, celle des **Snoussiya** (Djerboub et Siouah), qui avait la plus grande influence dans tout le Sahara.

On avait cependant entamé de bonne heure les relations avec les habitants du désert, puisque les premiers pourparlers avec les Touareg datent de 1847.

Le voyageur **Henri Duveyrier** séjourne chez les **Azdjer** de **Rhat**, de 1860 à 1862.

Cette même année, la mission du **Commandant Mircher** signe à **Ghadamès** la première convention commerciale.

En 1857, des Touatiens viennent à Alger, mais on ne fait rien pour se les attacher.

En 1860, le **Commandant Colonieu** visite le **Gourara.**

Quant aux colonnes qui s'avancèrent dans les sables, elles ne firent que paraître sans laisser de postes.

Colonel **Margueritte** dans le Mzab en 1857.

Colonel **Forgemol** à Ouargla en 1865.

Général **de Wimpfen** dans l'Oued Guir (Maroc) en 1870.

Général **de Galiffet** à Ouargla et Goléa en 1873.

C'est après ces dernières colonnes que l'on commence à parler du **chemin de fer transsaharien.**

En 1879, l'ingénieur **Duponchel**, dans de fréquents plaidoyers, essaie d'en établir la nécessité et la possibilité d'exécution.

Plusieurs missions sont alors organisées, une par province.

La plus connue est celle du **Lieutenant-Colonel Flatters**, qui tenta de gagner l'Aïr par la vallée de l'Oued Igharghar et fut massacrée à Bir-el-Gharama (1880-1881).

Les auteurs du massacre étaient les Touareg Ahaggar ou Hoggâr, ennemis des Azdjer et soumis à l'autorité religieuse des Snoussiya.

A cette époque, les **postes avancés du Sud-Algérien** s'échelonnent sur la ligne Géryville, Laghouat, Tougourt, Ouargla, puis Gabès, lors de l'occupation de la Tunisie.

En 1882, un poste est créé dans le **Mzab**, à Ghardaïa.

La révolte de Bou-Amama dans le Sud-Oranais nous entraîne jusqu'à **Moghar**, sur la route d'Igli et du Touat, à la tête de la vallée de l'Oued Messaoud.

La convention du 5 août 1890 avec l'Angleterre décide le mouvement vers l'**Extrême-Sud**.

El Goléa reçoit une garnison, et de 1892 à 1894 les forts Mac-Mahon, Miribel, Hassi-Inifel, Lallemand, Bereçof, sont construits.

Ceux de l'Ouest menacent directement les routes des oasis du **Touat**, du **Tidikelt** et du **Gourara**, repaires des Châmbaa et des Hoggar.

C'est à Deldoun, dans le Gourara, que s'est retiré Bou-Amama, l'instigateur de la révolte du Sud-Oranais en 1881.

Maintes fois on dut marcher sur le **Touat** et la colonne d'opérations fut constituée à plusieurs reprises. Les événements du Tonkin d'abord, puis plus tard ceux de Madagascar, occasionnèrent des contre-ordres successifs.

Mais les Touatiens furent mis en éveil, et, pour échapper à la domination française, ils se sont placés sous la domination du Maroc, sans toutefois payer tribut.

Agir contre eux serait donc agir contre l'empereur du Maroc, dont nous tenons à conserver l'amitié pour des raisons de politique internationale.

Dernièrement encore, en octobre 1898, une colonne fut formée à Biskra sous les ordres du colonel Lugan, des chasseurs d'Afrique (4 compagnies du bataillon d'Afrique, 2 pelotons de cavalerie, un détachement du génie et de télégraphistes). Elle quitta Biskra vers le 15 novembre, atteignit Ouargla et, sans aller plus loin, rentra à Biskra fin décembre.

En 1894, un décret organisa les **troupes sahariennes**.

Elles devaient comprendre un bataillon de tirailleurs méharistes et un escadron de spahis sahariens.

Jusqu'alors une seule compagnie de tirailleurs et deux pelotons de spahis ont été créés à Ghardaïa.

Nos officiers et les explorateurs **Méry, Bernard d'Attanoux** et **Foureau**, dans une série de reconnaissances, ont préparé la pénétration future.

CHAPITRE II

VERS LE TCHAD

C'est en 1890 que s'affirme le mouvement d'expansion vers le Tchad. Il se produit par le Niger et son affluent la **Benoué,** par le **Congo** et ses affluents la **Sangha** et l'**Oubangui.**

NIGER

Du Niger, le capitaine Monteil atteint le Tchad en 1891, en traversant le Sokoto et le Bornou.

Dans ses deux campagnes de 1890-1892, le lieutenant de vaisseau **Mizon** tente d'y accéder par la Bénoué.

En 1891, il traverse l'**Adamaoua** et, par **Yola** et **Ngaoundéré**, rejoint **M. de Brazza** sur la Sangha.

En 1892, il fonde des comptoirs sur la Bénoué, mais la « Royal Niger Company » émet de telles prétentions qu'il est obligé de rentrer en France pour éclairer le gouvernement.

Après son départ, son bateau *Le Sergent-Malamine* et les marchandises qu'il contient sont saisis.

La question de liberté commerciale fut résolue en 1898, mais pour le Niger seulement (convention du 24 juin).

Quant à l'indemnité que réclamait Mizon pour la confiscation de son matériel, le gouvernement fut impuissant à la lui faire obtenir.

La faiblesse du gouvernement s'était également manifestée lors du voyage du **Capitaine Toutée**, en 1894. Cet officier avait projeté de remonter le plus loin possible le Niger en partant de son embouchure. Pour éviter des difficultés, on le pria de partir du Dahomey.

De Carnotville, il atteignit le Niger au sud de **Boussa** et créa le poste d'**Arenberg**. Sur les observations du gouvernement anglais, ce poste dut être évacué en 1895.

CONGO FRANÇAIS

La compétition qui, au début, s'était élevée entre **de Brazza** et **Stanley**, agissant au nom du roi des Belges, cesse en 1885 à l'acte de Berlin, qui reconnaît l'**Etat indépendant du Congo** et consacre sa neutralité.

En 1887, une convention signée avec le nouvel Etat établit que *la vallée de l'Oubangui, jusqu'à son intersection avec le 4e parallèle Nord, formerait la limite avec le Congo français.*

C'est alors que l'expansion française peut se donner libre carrière vers le Tchad et vers le Nil.

En 1890-1891, **Crampel** remonte l'Oubangui, la Kemo. Il est massacré avec une partie de sa mission à **El-Kouti** par les émissaires du conquérant **Rabah**.

En 1892, la mission **Maistre,** par l'Oubangui, explore le bassin du **Chari ;** mais, arrêtée dans sa marche vers le Nord par la résistance des indigènes, elle regagne la côte par la Benoué et le Niger.

Pendant ce temps, **M. de Brazza** et les administrateurs **Ponel, Fourneau,** remontent la Sangha et établissent les droits de la France sur toute la région qui s'étend vers le Tchad.

Les Allemands, partis du Cameroun, n'ont pu atteindre Ngaoundéré ; néanmoins, la *convention franco-allemande* du 14 avril 1894 leur laisse accès au Tchad jusqu'au Bas Chari et le cours supérieur de la Sangha.

Cette concession fut faite à l'Allemagne, parce qu'à ce moment la situation était assez tendue entre la France et le Congo belge et qu'on voulait se ménager l'appui de cette puissance.

Il est bon toutefois de faire remarquer que par une *convention passée en 1893 entre l'Allemagne et l'Angleterre*, celle-ci, disposant avec une désinvolture admirable de certains territoires où jamais n'avait paru le moindre sujet anglais, avait reconnu à l'Allemagne des droits sur les pays au sud du Tchad jusqu'à la limite du bassin du Chari, réservant les siens sur le **Darfour**, le **Kordofan**, le **Bahr-el-Ghazal**.

C'était barrer à la France la route du Tchad et la principale voie d'accès au Nil.

La convention franco-allemande de 1894 rétablit donc la situation vraie, telle qu'elle devait résulter des droits du premier occupant.

CHAPITRE III

VERS LE NIL

A la même époque les missions françaises **Ponel** (1890), **Gaillard** (1891), d'**Uzès** et **Liotard** (1891-1893), remontaient le **Haut-Oubangui**, et les missions belges, en dépit de la convention de 1887, s'élevaient au-delà du quatrième parallèle.

De nouvelles découvertes allaient remettre en question la détermination des frontières entre le Congo français et l'État indépendant.

L'Oubangui venait de l'Est et non du Nord comme on l'avait supposé et était formé dans son cours supérieur par les rivières **Mbomou** et **Ouellé**.

Laquelle des deux était la branche principale?

Persuadés que pour conserver ces hautes vallées ils devaient les occuper les premiers, les Belges créent, dès 1891, des postes sur le Mbomou et lancent vers le Nord et le Nil des missions conduites par les officiers Fiévez, de la Kéthulle, Hanolet, Milz, Van Ker khoven.

Ils atteignent ainsi **Hofra-en-Nahas**, **Katuaka** dans le Bahr-el-Ghazal, **Ouadelaï** (1894), sur le Nil.

M. Liotard qui, en 1892, a créé le poste des **Abiras** au confluent du Mbomou, ne dispose que de quelques hommes ; il est impuissant à arrêter leur mouvement.

L'État Indépendant restant sourd aux observations du gouvernement français, on se décide à agir et, dès le mois de mai 1893, le Commandant Monteil est chargé de préparer une expédition militaire sur le Haut-Oubangui. Le Capitaine Decazes y conduit un premier renfort de 220 Sénégalais.

L'État Belge consent alors à négocier.

On arrête l'envoi des troupes et, tout à coup, on apprend le traité conclu par cet État avec l'Angleterre le 12 mai 1894. Celle-ci lui cédait à bail le bassin du Bahr-el-Ghazal et certains points de la vallée du Haut-Nil, vers Lado.

Cette fois, les intentions de l'Angleterre n'étaient plus à mettre en doute : elle plaçait, entre le Congo français et le Nil, comme État tampon, l'État Indépendant du Congo.

Le projet d'expédition est immédiatement repris. Le Commandant Monteil est nommé commissaire du Haut-Oubangui (16 juillet 1894) et s'embarque pour Loango avec un bataillon de Sénégalais (4 compagnies à 125 hommes, commandant Caudrelier).

Il a pour *mission officielle* de ramener les Belges au Sud du 5°30 et de *pousser vers le Nil jusqu'à Fachoda*.

Le 7 août 1894, il débarque à Loango. Le 22, il reçoit l'ordre de revenir à Grand-Bassam pour marcher contre Samory.

Dans l'intervalle, l'État Belge avait cédé.

Par la **convention du 14 août,** le cours du Mbomou formait la frontière entre les deux Congo à partir de sa source.

Il était stipulé que l'État Belge pouvait étendre son action jusqu'au 5°30 et, sur le Nil, jusqu'à Lado.

Aussitôt que le Haut-Mbomou est évacué, l'administrateur Liotard, nommé Lieutenant-Gouverneur du Haut-Oubangui, y fonde successivement les postes de **Rafaï, Zemio** (10 juillet 1895) et s'avance dans le Bahr-el Ghazal dont, selon les instructions de M. Delcassé, en 1894, « *il devait faire une région française ayant une porte ouverte sur le Nil* ».

Avec le concours des Commandants Decazes et Ditte, des Capitaines Vermot et Hossinger, de MM. Comte et Bobichon, administrateurs, de 3 compagnies de Sénégalais à 175 hommes et d'un certain nombre de miliciens, il reconnaît tout le pays et, au mois de février 1896, il crée, sur le **Soueh**, le poste de **Tamboura.**

Devant la réussite de ce mouvement le gouvernement reprend le projet de 1894 et organise la **mission Marchand** (juin 1896).

Telles sont, en 1895, les limites atteintes par l'expansion dans chacune des colonies.

Entre temps, les conventions suivantes, en dehors de celles déjà citées, avaient été signées avec les différents États.

Convention du 10 août 1889, avec l'Angleterre. — La Gambie anglaise est enserrée entre le Sénégal et la Casamance ; elle règle les frontières entre le Dahomey et la colonie anglaise de Lagos jusqu'au 9ᵉ parallèle.

Une convention signée en 1892, avec Liberia, détermine les frontières de cette République avec les colonies françaises.

Convention du 21 janvier 1895, avec l'Angleterre. — Elle nous reconnaît la possession du Fouta-Djallon et les sources du Niger.

De même que la Gambie, la colonie anglaise de Sierra-Leone n'est plus qu'une enclave.

La communication est désormais établie entre la Guinée Française, le Sénégal et le Soudan Français.

Convention du 5 février 1895, avec la Belgique. — Elle confirme les clauses de la convention du 14 août 1894 et stipule que le gouvernement belge reconnaît à la France un droit de préférence sur ses possessions Congolaises au cas d'aliénation de celles-ci.

C'est à cette époque, en 1895, qu'en raison de l'extension prise par chaque colonie, on réglemente leur organisation. (Décret du 16 juin 1895, modifié le 25 septembre 1896.)

1° Le Gouvernement général de l'**Afrique occidentale Française** comprend le **Sénégal,** le **Soudan Français,** la **Guinée Française** (1).

Le Gouverneur du Sénégal est gouverneur général de ce groupe. Il réside à Saint-Louis. (En 1899, M. Chaudié.)

Le Gouverneur de la Guinée (en 1899, M. Ballay) réside à Konakry.

Le Lieutenant-Gouverneur du Soudan (en 1899, général de Trentinian) réside à Kayes.

2° La **Côte d'Ivoire** (en 1899, M. Roberdeau), Grand-Bassam.

3° Le **Dahomey** (M. Ballot), Kotonou.

4° Le **Congo français** (en 1899, M. Lamothe), avec les deux subdivisions nouvelles du **Haut-Oubangui** (M. Liotard) et du **Chari** (1899, M. Gentil).

---

(1) Le chemin de fer de Kayes au Niger s'avance lentement vers le fleuve. On a calculé que jusqu'alors on a fait 11 kilomètres par an. En 1899 on a voté des fonds pour pousser plus activement les travaux, on espère atteindre Touli-mandio en 1903.

Dans la Guinée Française, le capitaine du génie Salesses a fait les études du chemin de fer projeté de Konakry à Kouroussa sur le Niger. Il aurait 550 kilo-mètres, passerait près de Timbo et coûterait 44 millions.

CHAPITRE PREMIER

VERS LE NIGER

Après la pacification du Fouta-Djallon en 1896, les colonies Sénégal et Guinée française ont atteint tout leur développement.

L'expansion vers le Niger est donc à considérer dans le Soudan français, la Côte d'Ivoire et le Dahomey. Cette période correspond à la prise de possession définitive de la boucle et à la liaison de ces trois colonies, en dépit de la concurrence anglaise et allemande.

C'est par le Soudan français et le Dahomey que se produisent les principaux efforts.

A cette époque, le **Soudan français** comprend une partie du Haut-Sénégal et tout le Niger jusqu'à Tombouctou. Sur la rive gauche, il englobe au Nord le pays qu'on appelle aujourd'hui le **Sahel**.

Sur la rive droite, il déborde au Sud dans la région de **Siguiri** et de Bissandougou, au Nord dans le **Macina**, capitale Bandiagara. Entre ces deux dernières régions, s'étendent les anciens **Etats de Tieba**, gouvernés depuis sa mort par son fils Babemba, qui, comme son père, a accepté le protectorat de la France.

Dans le Dahomey, les reconnaissances ont atteint Say, mais le pays n'est réellement occupé que jusqu'à *Carnotville*.

Déterminer la navigabilité du moyen Niger, relier Bandiagara, Tombouctou, Say, Carnotville, en s'étendant le plus possible au Sud, telle est l'œuvre qui va être accomplie en moins de trois années.

Description géographique de la Boucle du Niger.

Le pays compris entre le cours du Niger et la côte a la configuration générale suivante :

Une côte basse, sablonneuse, semée de lagunes où viennent finir la plupart des grands cours d'eau.

Elle est difficile d'accès, à cause du phénomène de la barre.

Au nord, le terrain se relève rapidement, les rides montagneuses s'entrecoupent et s'enchevêtrent dans toutes les directions, forcent les cours d'eau à décrire de nombreuses sinuosités et créent une série de rapides qui les rendent impropres à la navigation commerciale.

Trois massifs principaux ont pu être déterminés :

1º Celui du **Fouta-Djallon**, d'où viennent le Sénégal et les fleuves côtiers de la Guinée et de la Gambie.

Du massif de Tembi-Kounda (+ 840 m.), qui en est une dépendance, descendent le Niger, les fleuves de Libéria, le Cavally et les affluents du Sassandra, récemment explorés par le lieutenant Blondiaux, le Gouan et le Férédougouba (1898).

2º Le massif encore assez mal défini du **Mont-Mina** (950 m.), au sud de Sikasso.

De là coulent vers le Sud le Sassandra ou Saint-André ; le Bandama, la Comoé, qui traverse le pays de Kong, la Volta Noire. Vers le Nord coule le grand affluent du Niger, la Bagoé ou Bani.

3º Au nord du Dahomey est le massif de l'**Atacora,** où prennent naissance : l'Ouémé, les affluents de gauche de la Volta et quelques affluents du bas Niger, l'Oly, la Moussa, qui finissent dans la région de Boussa.

L'altitude moyenne est évaluée à 800 mètres et va en diminuant de l'Ouest à l'Est.

Au-delà du Dahomey, dans le territoire de la Compagnie du Niger, on ne trouve plus que des collines peu importantes.

Dans sa partie méridionale, cette région montagneuse est couverte d'épaisses forêts, dont la masse a retardé la pénétration au même titre que la non navigabilité des rivières.

Celles du Haut-Cavally n'ont pu être explorées ; elles sont habitées par des populations sauvages et anthropophages.

La profondeur de ces forêts varie de 90 à 300 kilomètres.

Au-delà des massifs du Mont-Mina et de l'Atacora, le terrain descend en pente douce jusqu'au fleuve.

Les sablés apparaissent au nord de l'Aribinda et du Liptako.

Races.

Parmi les races qui peuplent cette région, on peut en distinguer quatre principales :

Race Noire : sur le littoral et dans la zone des forêts. Ses représentants sont en général fétichistes.

Race Peuhle ou Foulbé, que l'on croit être originaire d'Égypte.

Race Toucouleur. — Les **Toucouleurs** sont des métis de **Peuhls** et de **Noirs.** Intelligents et guerriers, ils ont absorbé la race conquérante peuhle.

Peuhls et Toucouleurs sont musulmans. On les trouve sur toute la surface du Haut-Sénégal et du Soudan, entre les **Noirs** au Sud, les **Maures** et les **Touareg** au Nord. Ceux-ci représentent la **race blanche.**

Les Touareg sont probablement d'origine berbère ; quelques groupes seulement habitent la boucle, au sud du fleuve, jusqu'à la ligne Tombouctou, Aribinda, Say.

Les Maures sont des mulâtres berbères ; ils habitent sur la rive gauche du Niger, le Sahel et le Sahara occidental. Maures et Touareg sont musulmans.

Population.

Quant à évaluer même approximativement la population de la boucle, il n'y faut pas songer.

Ce qui est certain, c'est que cette population n'est pas dense, qu'elle est épuisée depuis des siècles par la traite, la famine et les guerres civiles. La disparition de potentats tels que Babemba et Samory a créé une ère de calme et de sécurité pendant laquelle se reconstitueront peu à peu ces familles d'indigènes naguère dispersées, fuyant sans cesse devant l'invasion et le massacre.

Opérations dans le Sahel contre les Maures, sur le Niger contre les Touareg.

Après l'occupation de Tombouctou, de nombreuses reconnaissances furent faites dans toutes les directions pour faire régner la sécurité dans la contrée.

C'est pendant leur exécution qu'on découvrit à l'Ouest la région des lacs. Le plus important est le lac **Faguibine**, qui a 100 kilomètres de longueur sur 25 de largeur.

Les régions voisines, le **Kili**, le **Kissou**, sont d'une grande fertilité ; aussi les Maures venaient-ils fréquemment piller les habitants.

A l'est de Tombouctou, les Touareg faisaient de même à l'égard des sédentaires des rives du fleuve (Bozos).

On se trouva donc entraîné par la force des choses à une action constante contre ces tribus, de manière à dégager à l'Ouest le Sahel, à l'Est le cours du Niger.

Dans le Sahel. — On assura d'abord la sécurité de la route des caravanes, Médine, Nioro, Sokolo, Goundam, Tombouctou.

Des cercles furent créés à **Goumbou, Sokolo, Goundam**.

Des postes organisés sur les lacs à **Ras-el-Ma, Gassa**.

De ces divers points partirent fréquemment de petites colonnes, comprenant en moyenne une cinquantaine de tirailleurs et 25 cavaliers, qui châtièrent à plusieurs reprises les **Mechdoufs** et les **Allouchs**, les pillards les plus hardis parmi les Maures.

D'autres postes, **Nampala, Néré**, furent fondés en 1896.

En 1897, on occupa même un instant le grand marché de **Bassikounou**, situé au milieu d'une région fertile. On l'évacua bientôt, après avoir signé un traité avec le chef des Allouchs.

Bassikounou sera occupé tôt ou tard, car ce point commande les routes de Tombouctou et Taoudeni au fleuve Sénégal.

En 1898, la dernière expédition fut conduite par le capitaine de cavalerie **Périer**.

Il partit de Gombou le 26 juillet et s'éleva vers le Nord jusqu'à 60 kilomètres de **Oualata**, important point d'eau du Sahara occidental. Un brillant combat livré à **Noual** amena le roi des Mechdoufs, Moktar, à signer un traité de paix.

Sur le Niger. — Les Touareg, surtout les **Kel-Antassar** (chef, N'gouna), ne pouvaient se résigner à la perte de Tombouctou, et c'est à leur instigation que tous les Touareg de la région, **Igouadaren, Aouellimiden** ou **Ilmeden**, venaient attaquer fréquemment les postes avancés français.

On ne put arriver qu'à assurer une sécurité relative, mais suffisante pour permettre au lieutenant de vaisseau Hourst de tenter sa mission.

Mission Hourst.

Avec un petit vapeur et deux chalands, il put, dans le courant de l'année 1896, exécuter la descente du fleuve, de Kabara (port de Tombouctou) à son embouchure (1).

L'œuvre de **Mage, Caron, Davoust, Mizon** (1891-1892), de **Toutée** (1894), était ainsi complétée.

Les trois premiers explorèrent le fleuve de Siguiri à Tombouctou, de 1884 à 1890.

Mizon le remonta de son embouchure au confluent de la Benoué.

Toutée, venant du Dahomey, l'atteignit au poste d'Arenberg et le remonta jusqu'à **Tibi-Farca**, au sud des rapides de **Labezenga**.

Le Niger forme une suite de biefs navigables durant la période des hautes eaux, de septembre à avril en général.

Il est navigable de Kouroussa à Bammako, de Toulimandio à Tosaye, près Bouroun, et de Boussa à l'embouchure.

Les rapides compris entre Bammako et Toulimandio, ceux de

____

(1) Le lieutenant Hourst était accompagné de MM. Baudry, lieutenant de vaisseau, Bluzet, lieutenant d'infanterie de marine, Taburet, médecin, et du R. P. Hacquard. Son vapeur, en aluminium, s'appelait « Le Jules Davoust ».

Labezenga, au sud de Gao, ceux de Boussa, sont impraticables pour la navigation commerciale.

En outre, des défilés (Tosaye), des écueils et des roches ainsi qu'il en existe entre Ansongo et Say nécessiteront d'importants travaux pour permettre la circulation facile des bateaux à vapeur.

Reconnaissance du lieutenant de Chevigné.

Dès que la mission du commandant Destenave, de Bandiagara à Say, est décidée (1896), on songe à assurer le ravitaillement jusqu'à Say par le Niger.

Il faut donc gagner les sympathies des populations sédentaires riveraines et surtout celles des nombreuses tribus Touareg dont les terrains de parcours sont à proximité et qui considèrent les riverains comme leurs serfs.

Le lieutenant **Meynier** conduit une première reconnaissance jusqu'à **Bamba**, important point de passage du fleuve.

Le lieutenant de cavalerie **de Chevigné** lui succède.

Au mois de mai 1897, il quitte Tombouctou avec une flottille de cinq pirogues, conduites par vingt indigènes (Bozos) et une escorte de vingt-huit tirailleurs et spahis.

Le commandant **Gœldschen**, qui commande la région de Tombouctou, lui donne les instructions suivantes :

Au point de vue politique :

Traiter avec les chefs des principales tribus, les voir si possible, leur demander de se faire représenter à Tombouctou, leur faire comprendre que l'on n'a aucune visée sur leurs territoires, qu'on leur demande simplement le passage libre.

Au point de vue militaire :

Eviter tout engagement ; vivre le plus possible sur les embarcations ; profiter de la lune pour naviguer la nuit ; pendant les haltes, disposer les pirogues de manière à pouvoir faire feu sur les deux rives sans se gêner.

Un notable commerçant de Tombouctou lui est adjoint comme interprète. Celui-ci, qui connaît bien les Touareg, ajoute ce conseil : « Ne couchez jamais sur la rive droite, les gens se diront vos amis et vous feront du mal. Sur la rive gauche, vous êtes certain de n'avoir affaire qu'à des ennemis, c'est plus sûr. »

Un détail : Dans cette région, la monnaie du pays est la coudée de filature.

Le lieutenant descend jusqu'à **Inzammen**, où il réussit à voir deux chefs touareg avec lesquels il signe un traité. L'un d'eux est un Ilmeden, bras droit de **Madidou** (Amenokal de la tribu), sur lequel il promet d'agir. Il se nomme **Djamarata**.

Déjà en mars 1896 le lieutenant Hourst avait jeté les bases d'une entente avec Madidou, mais sans qu'on en eût encore ressenti les effets.

Le lieutenant de Chevigné signe avec Djamarata un véritable traité de bonne et solide amitié, facilitant le commerce et l'exploration. Il n'y manque que la signature de Madidou. Celui-ci, campé sur la rive gauche du Niger, a toujours protesté de ses bonnes dispositions, mais n'a jamais voulu se montrer jusqu'alors.

Reconnaissance du capitaine Audié.

Le mois suivant, le chef des Touareg Kel-Antassar, Ngouna, a réussi à organiser un rezzou de 800 combattants ; il est signalé à Rhergo.

Une reconnaissance commandée par le capitaine Audié et comprenant une compagnie et deux pelotons de cavalerie (lieutenant de Chevigné et sous-lieutenant de Latour) quitte Tombouctou le 16 juin. Elle ne doit pas s'éloigner à plus de 60 kil. vers l'Est.

Le 18, le capitaine Audié reçoit l'ordre de rentrer.

Le 19, pour couvrir son mouvement en arrière, il envoie à quelque distance, le long du fleuve, ses deux pelotons de cavalerie avec l'ordre de ne pas se compromettre.

A une heure de l'après-midi, le maréchal des logis de Libran, suivi de dix spahis, vient lui annoncer la catastrophe de Rhergo.

A dix kilomètres environ du bivouac, les deux pelotons ont été subitement entourés par de nombreux Touareg.

Le sous-lieutenant de Latour a disparu, le lieutenant de Chevigné, blessé à mort, s'est achevé d'un coup de revolver pour forcer les survivants à l'abandonner.

Le capitaine Audié s'arrête, attend pendant deux heures sans rien voir et se décide à regagner *Tombouctou* où il arrive à trois heures du matin.

Colonne du Niger.

Pour venger cette catastrophe, on organise une colonne volante qui, en juillet et septembre, ravage les villages des tribus dissidentes sans rencontrer d'ennemis.

Les Touareg ont fui vers l'intérieur. Mais, en novembre, l'épuisement des mares d'hivernage va les ramener vers le fleuve. C'est alors que le commandant **Gœldschen**, espérant les atteindre, prend le commandement de la colonne du Niger.

Elle comprend trois compagnies et une flottille composée de trois chalands, six grandes pirogues et deux canons Hotchkiss.

Le 14 novembre, à **Goursgaye**, elle surprend et enlève le camp des Iguadarren Aribinda.

Elle rentre à Kabara le 30, après avoir recueilli la soumission de quelques chefs.

Colonne du commandant Klobb.

Fin mars 1898, les Touareg recommençaient leurs incursions.

Le Commandant de la région de Tombouctou, le commandant Klobb, avec les forces dont il peut disposer organise une colonne.

Composition et effectif. — 2 compagnies d'infanterie ; 34 spahis ; 1 section de 80, soit 12 officiers ; 276 hommes ; 104 porteurs ; 74 chevaux et mulets ; 30 chameaux.

Une flottille comprenant trois chalands et quelques pirogues sous les ordres du **Commandant Millet**, doit descendre le Niger et se tenir à hauteur de la colonne qui suit le bord du fleuve.

Partie le 12 mai 1898, la colonne suit la rive gauche et arrive à **Bamba** le 21, elle y traverse le fleuve et s'avance vers **Bouroun** par la rive droite.

La flottille ne peut dépasser l'île Samgoï et retourne à Bamba.

Le 30, après une marche de nuit de 40 kilomètres, on atteint le campement des Touareg à l'ile de **Ha, près Bouroun**, mais ils passent sur la rive gauche qui dépend de Madidou. Comme on tient à le ménager, on ne poursuit pas. Des reconnaissances poussent sur la rive droite jusqu'à **Ansongo**.

D'autres reconnaissances avaient déjà été envoyées sur la rive gauche ; celle du **Lieutenant Delestre** inflige un sanglant échec à un rezzou venu de l'**Adrar**.

Le retour s'effectue par la rive droite encore mal connue. Partout l'accueil des indigènes est très cordial ; ils ne souhaitent qu'une chose, c'est d'être délivrés le plus tôt possible des Touareg.

Le 2 juillet, la colonne rentre à Tombouctou ayant pris environ 10,000 moutons.

Le commandant Klobb signale Bamba (45 kilomètres de Rhergo), comme étant le point où doit être installé le premier poste français sur le Niger, à l'Est de Tombouctou (1).

Expansion par le Haut-Dahomey.

Après les missions Decœur et Baud, en 1894-1895, celles du gouverneur M. Ballot, des administrateurs Alby et Molex, il y avait eu une période d'inaction dans le Haut-Dahomey et, précisément à ce moment, les Allemands et les Anglais redoublaient d'activité.

Dès qu'il en eut la certitude, **M. Ballot**, à qui l'on est redevable de l'essor pris par cette colonie, organisa deux missions.

L'une, conduite par les capitaines Baud et Vermeersch, se dirigea vers le Gourma pour l'occuper avant les Allemands.

L'autre, confiée au lieutenant de vaisseau Bretonnet, devait défendre notre situation sur le Niger même.

Mission Bretonnet.

La mission comprenant : 100 miliciens et tirailleurs auxiliaires sénégalais, 100 porteurs, part de Carnotville le 28 décembre 1896.

(1) A la fin de 1898, les postes de Bamba, Gao et Zinder (Niger), ont été définitivement créés. Madidou n'a pas montré plus de confiance ou de bon vouloir ; à l'approche des troupes, il s'est enfui vers les puits du Nord.

Elle suit l'itinéraire **Bouay, Kandi, Ilo** ville de 10,000 habitants, redescend le long du Niger, hâtant sa marche pour devancer les Anglais dont l'approche est signalée.

Le lieutenant Bretonnet arrive le 5 février à **Boussa** où ne flottait encore aucun pavillon de puissance européenne.

La construction d'un poste est aussitôt entreprise.

Pour gagner l'amitié du roi de Boussa, il l'aide à réprimer la rébellion d'une partie de ses États à l'Ouest et au Sud-Ouest, enlève d'assaut le grand village de Ouaoua où le maréchal des logis de Bernis se conduit très brillamment (3 tués, 12 blessés).

Après avoir séjourné un mois à Boussa, il revient en juin à Ilo, où l'on signale la présence d'émissaires de Samory se rendant à Say, pour soulever contre nous notre vieil ennemi Ahmadou.

Ayant dégagé le poste de Kandi investi par les habitants soulevés (21 juin), il retourne à Ilo et va de nouveau combattre le prince Cora dans la région de Ouaoua.

Un détachement, commandé par MM. **Carron** et **Carrérot** inspecteurs, va soutenir le roi de Kayoma et occupe Kayoma.

Une dernière révolte près de Kayoma est réprimée après un vif combat où l'inspecteur Carrérot est tué (13 septembre, 5 tués, 30 blessés).

Un résident est nommé à Boussa (M. Carron), un autre à Ilo (le maréchal des logis de Bernis, assassiné peu après).

Mission Baud, Vermeersch.

Composition. — 30 sénégalais ; 100 porteurs.

La mission part de **Bafilo** (1) (6 janvier 1897), contourne **Sansanné Mango** (occupé alors par le lieutenant Thierry), **Pama**, prête aide à Bantchandé, sultan du **Gourma**, pour réprimer une révolte, marche vers **Tibga** où a lieu la liaison avec la mission **Voulet**.

Le lieutenant Thierry est venu occuper Pama, le capitaine Baud revient et réussit à lui faire évacuer ce village.

(1) Bafilo au Sud-Ouest de Diougou est aujourd'hui compris dans le Togo allemand.

Le capitaine Vermeersch va soumettre le pays sur la route de Say et prend le contact au Sud avec la mission du **Capitaine Ganier** qui arrive de Kouandé.

Pendant que celui-ci va occuper **Kotchari**, il rejoint le capitaine Baud, et tous deux, retournent en force à Pama que le lieutenant Thierry, revenant à la charge, veut faire évacuer par le poste qui y a été laissé (8 juin).

Cet officier allemand ne voulant pas se retirer, le capitaine Baud laisse à Pama un poste d'égale force. Les gouvernements décideront. Le capitaine Baud est nommé résident du Gourma.

Mission Ganier.

Cette mission fut organisée pour relier le Dahomey à Say par Carnotville, Kouandé, Kotchari, et, en même temps, les missions Baud, Bretonnet, Destenave, cette dernière venant du Mossi.

Elle comprend une compagnie venue du Fouta-Djallon après la campagne entreprise contre Bokar-Biro, en 1896.

Le 28 mars 1897, la mission quitte Porto-Novo, est à Diougou le 25 avril, à Kouandé le 1er mai. Le lieutenant Aymès y crée un poste. Plus au Nord, le capitaine Ganier se rencontre avec le capitaine Vermeersch et atteint Kotchari le 17 mai.

Pendant qu'il va rétablir le poste de Kandi, M. Molex marche sur Ilo où il retrouve la mission Bretonnet, puis sur Say où est déjà installée la compagnie Betbeder de la mission Destenave.

A ce moment éclate la révolte des Baribas (juillet 1897).

Révolte des Baribas.

Les postes de Kandi, Bouay ont dû être évacués ; seul celui de Kouandé a pu résister (lieutenant Aymès).

Le capitaine Vermeersch est nommé résident de cette région avec ordre de pacifier le pays.

Il gagne Kouandé (20 août), dégage les environs (7 tués, 14 blessés), mais les habitants de Nikki, à l'instigation des Anglais de Lagos, se soulèvent. Il est nécessaire de faire venir des renforts que M. Ballot demande au Sénégal.

Le capitaine Ganier prend le commandement de la colonne formée, et ainsi composée: Capitaine Vermeersch, Chef d'Etat-Major; trois compagnies (capitaines Dumoulin, Duhalde, Chambert), 410 fusils.

La concentration est faite le 1er novembre, au nord de Carnotville.

Après plusieurs combats heureux la colonne entre à Nikki le 13 novembre.

Un traité définitif est passé, le royaume de Nikki est annexé au Dahomey. Une compagnie va établir la liaison avec le Kayoma.

Le 10 décembre, le commandant **Ricour** prit le commandement des troupes du Haut-Dahomey, et la campagne de 1897 se termina le 31 par l'assaut du tata du village d'Allio, au sud de Nikki, où le capitaine Ganier et le lieutenant Aymès furent blessés avec 17 hommes.

Après les conventions conclues avec l'Allemagne et l'Angleterre, on tint à établir de suite la communication avec le Soudan. Le télégraphe unit aujourd'hui Kotonou, Fada N'Gourma, Ouaghadougou, Kayes, Saint-Louis.

A la fin de janvier 1898, au départ du commandant Ricour, le poste de commandant supérieur des troupes du Haut-Dahomey a été supprimé.

Le capitaine Lorho, en ce moment résident supérieur, remettra ses pouvoirs à un administrateur civil.

Enfin, un tracé de chemin de fer a été aussitôt mis à l'étude.

La mission du commandant Guyon est partie le 25 février 1899.

La ligne projetée passera par Kotonou, par l'Ouémé atteindra Carnotville, puis Nikki, Madicali (au nord d'Ilo sur le Niger), soit 800 kilomètres.

Le budget de la colonie du Dahomey est de 1,960,000 fr.

BOUCLE DU NIGER

Missions Voulet et Destenave.

En 1895, le commandant **Destenave**, résident du **Macina**, avec 20 tirailleurs, avait visité le cours supérieur de la Volta et du Souro, la région de Ouarkoy, avait atteint Dori, où Monteil avait signé un traité en 1890, parcouru à deux reprises le Yatenga, où il fut très bien reçu, mais il n'avait pu pénétrer à **Ouaghadougou**, capitale du Mossi.

Mission Voulet.

Au milieu de 1896, le lieutenant-gouverneur du Soudan, le colonel **de Trentinian,** pour devancer les Anglais, qui ont lancé vers le Nord 5 missions de 100 tirailleurs chacune, dirige vers le **Mossi** la mission du **lieutenant Voulet.**

Elle comprend 213 combattants, dont 33 réguliers.

Parti de Bandiagara, il atteint Ouahigouya, capitale du Yatenga, rétablit l'influence de notre protégé Bokari, entre à Yako, puis à Ouaghadougou (1er septembre).

Au Sud, s'étend le **Gourounsi,** que se disputent deux chefs. Voulet soutient celui qui représente le parti national, arrive à **Léo,** et, pour éviter tout conflit avec Samory, dont les bandes sont signalées à 130 kilomètres au Sud-Ouest, il lui écrit pour lui annoncer que le Gourounsi est désormais territoire français et qu'il veuille bien en interdire l'accès à ses troupes.

Revenu à Ouaghadougou, il signe le traité de protectorat du Mossi, le 15 janvier 1897.

Apprenant qu'une troupe d'Européens s'approche de la frontière méridionale du Mossi, il se porte à sa rencontre, et, le 7 février, il se trouve en présence de la mission anglaise de sir **Donald Stewart.**

L'entrevue est fort courtoise ; les deux officiers signent une convention qui établit les droits de la France sur le Mossi et le Gourounsi.

Voulet rentrait à Ouaghadougou, quand on lui signale une autre mission vers l'Est, vers le Gourma.

Ce ne pouvait être qu'une mission allemande.

Il envoie un courrier rapide au chef de cette mission pour lui faire connaître qu'il a pris possession de la région : le 13 février, son courrier lui rapporte une lettre en français, signée du capitaine **Baud**, qui, lui, venait du Dahomey.

Le 16, les deux missions fraternisaient à **Tibga** avec une émotion joyeuse facile à comprendre.

Elles se séparèrent le 23, et, le 27, Voulet rejoignait à Ouaghadougou le commandant Destenave, chargé d'occuper effectivement la région jusqu'à Say.

Mission Destenave.

Pendant l'exécution de la reconnaissance du lieutenant Voulet, le colonel de Trentinian fait décider l'occupation de tout le pays entre le Macina et Say.

Le commandant Destenave est nommé chef de la mission (septembre 1896) et vient l'organiser fin décembre à **Bandiagara**, capitale du Macina.

Les raisons déterminantes des opérations entreprises étaient les suivantes : Révolte de certaines tribus du Macina. — Révolte des tribus de la Haute-Volta. — Guerre civile au Yatenga, où notre protégé avait été dépossédé. — Protéger contre les Touareg l'Aribinda, le Liptako, le Yagha, qui implorent notre protection.

Composition de la mission. — 14 officiers ; 3 compagnies d'auxiliaires recrutés sur le Niger, de Siguiri à Djenné ; 40 spahis ; 1 section d'artillerie ; une 4ᵉ compagnie est en voie de création à Bandiagara.

Le 8 janvier, la mission quitte Bandiagara, brise la résistance des Samos (Souro) dans plusieurs rencontres et reçoit la soumission de Yako.

Elle entre le 20 février à Ouaghadougou, gardée par 2 sous-officiers européens et quelques malingres laissés par Voulet.

Immédiatement on entreprend la création d'un poste et le capitaine **Scal** est nommé résident du **Mossi**.

Il disposera de : 1 compagnie de 150 hommes ; 1 section de 40 indigènes ; 40 spahis auxiliaires ; 1 pièce de 80, avec une réserve de 20,000 cartouches, et 3 mois de vivres européens.

Dans le **Gourounsi,** les affaires vont mal. Le lieutenant **Chanoine** y est envoyé pour faire cesser la guerre civile allumée par les agents anglais : le lieutenant **Henderson** et le mulâtre **Fergusson.** Il a avec lui 40 tirailleurs et 15 spahis.

Le 27 mars, il arrive à Léo, qu'il trouve occupé par 6 tirailleurs anglais, au mépris de la convention signée avec le lieutenant Voulet le mois précédent.

Le lieutenant Chanoine rend compte au capitaine Scal. Celui-ci va trouver aussitôt la mission anglaise à **Yarba** et signe une nouvelle convention d'après laquelle Anglais et Français s'engagent à ne pas dépasser la rivière Poplogon, affluent de droite de la Volta blanche.

Plus au Sud, les Anglais ne cessent pas leur contre-action. Il suffit que nous soutenions tel chef pour qu'ils recueillent et encouragent à la résistance le chef concurrent.

En outre, ils cherchent à gagner les faveurs de Samory.

Cependant, cela ne leur réussit pas toujours, ainsi que le démontre le fait suivant :

Lorsque Sarankané-Mory, exécutant les ordres que son père Samory lui a donnés après réception de la lettre de Voulet, recule à Bouna, Henderson et Fergusson viennent occuper **Oua,** où le capitaine Baud a signé un traité en 1894. Que se passa-t-il entre Sofas et Anglais ? On ne sait, mais un beau jour la mission de Oua fut attaquée, Fergusson tué, Henderson fait prisonnier. 2 officiers et 57 tirailleurs purent s'échapper et vinrent se réfugier à Léo, auprès du capitaine Scal, qui les recueillit et les escorta à Yarba, près du major Donald Stewart (fin mars 1897).

Pendant ce temps, le commandant Destenave a continué sa route avec 1 compagnie et 1 pièce. A Lanfiera, il trouve le commandant Valet avec une colonne chargée d'opérer sur la Haute-Volta.

Il remonte alors à Ouahigouya, rétablit l'autorité de Bockaré (29 mars) et pousse des reconnaissances aux environs pour ouvrir les communications avec Ouaghadougou et Bandiagara.

Quand la région est à peu près pacifiée, le commandant se dirige sur **Dori**, ville importante, ayant une grande influence politique, religieuse et commerciale. C'est la clef de cette partie de la boucle.

Le 13 avril, le départ s'effectue en deux colonnes, sur deux routes distantes de 15 kilomètres. Le 20, on est à Djibo ; le 23, à Aribinda, où le capitaine Hugot construit un poste qui surveillera les Touareg de **l'Oudala**.

Le 30 avril, la colonne entre à Dori, qui accepte franchement notre protection effective.

Le commandant y laisse 60 fusils, 30 sabres, 1 pièce de 80 (capitaine Hugot et lieutenant Bellevue), et le 2 mai continue la marche vers Say avec 1 compagnie, 1 peloton de spahis, 1 pièce, 1 convoi de 3 mois de vivres.

Du 2 au 4, on parcourt 78 kilomètres sans eau et sans trouver un village. A Zebba, où l'on arrive le 4, on est bien accueilli.

A ce moment, les nouvelles reçues sont assez graves pour placer le commandant dans une alternative délicate.

Le bruit circule que les Touareg de Sinder (Niger) et les gens de Diagourou veulent attaquer Dori.

Faut-il donc remettre à plus tard l'occupation de **Say** ?

Heureusement, on apprend presque en même temps que les partisans d'Ahmadou, notre ancien adversaire de Segou, réfugié à Say, où il a cherché en vain à se reconstituer un empire, évacuent cette position et fuient dans le Sahara.

Alors le commandant se décide à envoyer à Say la compagnie du capitaine **Betbéder** et un peloton de spahis et il rentre à Dori, où le danger est plus pressant.

Le 19 mai 1897, Say est occupé. La petite colonne y est fort bien accueillie, car le chef de Say, qui est marabout, a été depuis longtemps travaillé par les influences religieuses dont nous disposons. De plus, les sultans de Sokoto et de Gando, qui sont bien disposés à notre égard depuis le passage de Monteil et celui de la mission Decœur en 1895, lui ont recommandé de bien recevoir les Blancs de l'Ouest.

La construction d'un poste est immédiatement commencée dans une île en aval de Say. C'est **le fort Archinard**.

A Dori, le retour du commandant Destenave fait cesser immédiatement toute agitation. En mai, il va s'installer dans la position centrale d'Aribinda, où il préside à l'organisation du pays en surveillant les Touareg.

Toute cette ligne de 800 kilomètres environ entre Bandiagara et Say est tenue par 720 fusils, 100 spahis, 8 pièces et 20 canonniers.

Dans le mois de juin, les gens de **Diagourou** recommencent à piller les caravanes et viennent rançonner les villages vers Dori et Zebba.

Le capitaine **Minvielle**, qui a amené une compagnie de renfort et commande à Dori, marche contre le village, qu'il enlève d'assaut le 6 juin. C'est là que fut tué dans une charge brillante le lieutenant de cavalerie **Bellevue**.

Au Yatenga, la situation est toujours difficile, en raison des compétitions au trône. En octobre, le commandant Destenave revient à Ouahigouya, remet plusieurs villages à la raison et organise deux petites colonnes qui battent le pays en tous sens du 24 octobre au 22 janvier 1898, époque à laquelle notre protégé Bockaré est enfin reconnu Naba du Yatenga.

Vers Gambakha, dans le Boussansé, les mêmes événements se produisent. Le commandant Destenave quitte de nouveau Ouahigouya et atteint Bittou. A ce moment, il reçoit la notification de la convention franco-allemande qui fixe le 11e degré comme limite de l'influence des deux nations.

Il laisse des postes face aux Anglais arrivés dans la région et qui n'ont pas cessé d'exciter les indigènes contre nous, et, passant par Pama, il rentre à Ouaghadougou le 22 mars 1898.

Dans le Liptako, à Dori, la confiance est revenue, le commerce prend une grande extension, car les Touareg ont cessé leurs incursions.

Les villages de l'Oudala, voyant en nous des protecteurs, nous appellent chez eux.

Dès que les circonstances le permettront, nous nous étendrons sans lutte jusqu'au sommet de la courbe du Niger.

Des réserves locales formées à l'aide de contingents indigènes sont organisées à Bandiagara, Ouaghadougou, Ouahigouya, Aribinda, Dori.

Déjà les commerçants de Saint-Louis sont venus à Bandiagara et Ouaghadougou.

Les voitures Lefèvre ont fait leur apparition à Dori au milieu de 1898.

Le commandant Destenave retournera en 1900 dans cette région pour la pacifier jusqu'au Niger et organiser la mobilisation. Le Macina, Ouahigouya, Dori sont des pays riches, l'élevage y est en honneur, les chevaux sont superbes. **Ouahigouya** est au centre de la partie la plus pittoresque.

COLONNE DE LA VOLTA (¹)
(Commandant Caudrelier).

Au mois de février 1897, pour alléger le rôle du commandant Destenave, le Lieutenant-Gouverneur forme une colonne chargée d'opérer dans la boucle de la Volta pour pacifier cette région et assurer les communications avec Ouaghadougou.

Organisée à San, elle comprend :

3 compagnies 1/2, plus 120 auxiliaires, 12 spahis, 2 pièces de 80, 1 de 95. Elle est placée sous les ordres du **commandant Valet.**

Fin mars, elle arrive à Sono où elle prend le contact avec les détachements de la mission Destenave.

Le capitaine du génie **Cazemajou** est alors détaché avec un peloton pour reconnaître le cours de la Volta et la route du Gourounsi.

Fin avril, le commandant Valet, malade, est remplacé par le commandant Caudrelier.

Les ordres portent qu'il doit se borner à occuper et reconnaître le pays, sans chercher à s'étendre vers le Sud.

(1) Tous les détails concernant la colonne de la Volta, les opérations contre Sikasso et Samory, sont extraits des divers rapports et journaux de marche, communiqués obligeamment par M. le colonel Audéoud, qui fut lieutenant-gouverneur par intérim du Soudan, de novembre 1897 à novembre 1898. C'est à son intelligente initiative, à l'énergique impulsion qu'il sut donner aux opérations entreprises, que la France est redevable des grands résultats obtenus au Soudan en une seule année.

Mais bientôt on apprend que plusieurs expéditions anglaises s'élèvent du pays des Achantis vers le Nord.

Il est alors autorisé à marcher au Sud pour occuper le Gourounsi où il soutiendra la mission Cazemajou, avec la recommandation expresse de ne pas s'engager contre Samory.

À ce moment la situation était celle-ci :

Le capitaine Cazemajou avait occupé Diébougou et marchait sur Léo. La région Volta Ouarkoy était peu sûre, il fallait la pacifier avant de se porter en avant. Samory était signalé dans le pays de Kong. Les Anglais s'approchaient de Bouna et Oua.

En conséquence, il constitue plusieurs détachements.

Le premier vers le Gourounsi : **capitaine Hugot** (105 auxiliaires, 16 cavaliers foulbés), avec mission de détacher vers le Sud des petits postes de trois tirailleurs comme gardes-pavillon, affirmant l'occupation effective.

Le deuxième, vers le Sud pour occuper le pays et traiter avec Samory : **capitaine Braulot et lieutenant Bunas** (75 auxiliaires, 20 cavaliers foulbés).

Le troisième, formant la masse principale, est sous ses ordres directs et destiné à achever la pacification de la région Sono-Boromo.

Il comprend 2 compagnies, 2 pièces de 80, 40 cavaliers.

De fin mai à fin juin, ce détachement circule dans le pays. Les villages se soumettent sans résistance, à l'exception de **Ouarkoy** (2 juin) et quelques autres où il est nécessaire de combattre.

Une compagnie reste à Boromo (**capitaine Bouland**) pour établir la liaison avec les détachements lancés en pointe ; le reste rentre à Sono.

Le commandant, dans son rapport, signale les difficultés qu'il rencontre pour se procurer des vivres et trouver des porteurs.

La ligne d'étapes San-Sono est organisée avec campements et dépôts de mil.

Les cercles de San, Sono, Boromo sont créés, le prix des denrées fixé.

On décide le cours forcé de la monnaie française et on ordonne aux indigènes de saluer les blancs.

COLONNE HUGOT 1897

Pendant ce temps, le détachement Hugot atteint Léo, Founssi défait Baba-To à Doucey (6 juin).

Ce Baba-To était le concurrent de notre protégé Hammaria qu'avait déjà soutenu le lieutenant Chanoine. Les Anglais s'étaient engagés à Yarba à le maintenir à deux jours du Gourounsi ; comme ils n'ont pas tenu leur promesse, le capitaine Hugot considère la convention de Yarba (mars) comme violée et place des petits postes à **Oua** et au-delà de la rivière Poplogon.

COLONNE BRAULOT 1897

Le capitaine Braulot peut atteindre Diébougou, mais la résistance des Oulés, peuplade guerrière, l'empêche de progresser vers le Sud et il apprend que Samory est venu récemment à **Lokhoso**.

Devant l'impossibilité d'avoir des vivres, il renvoie le lieutenant Bunas à Boromo pour ramener un convoi, puis il écrit à Samory pour le prévenir que les Français ne veulent pas l'attaquer mais seulement occuper Lokhoso et Bouna (fin juin).

Samory fait répondre verbalement qu'il n'y mettra aucune opposition et envoie un bracelet en or comme gage d'amitié.

Le capitaine Braulot apprend en même temps que les bandes de Sarankané-Mory évacuent Lokhoso.

Dès que le commandant Caudrelier est informé de ces événements, il fait d'abord renforcer et ravitailler Braulot par le poste de Boromo (capitaine Bouland), puis se met en route avec les forces dont il dispose (1 compagnie, 50 cavaliers, 2 pièces et le détachement du lieutenant Bunas qui rejoint).

Le 26 juillet, la liaison est faite à Diebougou où arrive une lettre de Samory dans laquelle il demande la paix et annonce qu'il va évacuer Bouna.

Le commandant Caudrelier lui répond qu'il transmet ses propositions et qu'il marche au Sud pour occuper Lokhoso et Bouna, points sur lesquels il dirige les capitaines Bouland et Braulot.

Le 8 août, ces deux compagnies arrivent à Lokhoso où l'on trouve les traces fraîches d'un campement de 7 à 8,000 individus.

Le 10, Braulot part avec sa compagnie pour Bouna.

On n'en a plus de nouvelles que le 24 août.

Attiré dans un guet-apens par les bandes de Sarankané Mory, il a été assassiné le 20, et sa colonne massacrée.

Du 24 au 28, les tirailleurs et porteurs échappés au massacre arrivent à Lokhoso.

Leur récit a permis de reconstituer ce dramatique événement.

Massacre de la Colonne Braulot.

Le 15, Braulot arrive à Bouna qui est occupé par des bandes de Samory ; leur chef, Si-Sliman, en refuse l'entrée.

Jusqu'au 18, il rayonne à proximité pour subsister. Ce jour-là, on rencontre des sofas de Sarankané-Mory que le capitaine Braulot fait demander en personne. Celui-ci, avec beaucoup d'hésitation, se décide à venir.

Le Capitaine lui fait connaître l'accueil de Si-Sliman à Bouna, accueil bien surprenant après les promesses que lui a faites son père. Sarankané dit qu'il croit à un malentendu, et offre de faire route avec lui jusqu'à Bouna qu'il fera évacuer immédiatement.

Le 20, la colonne marchait dans l'ordre suivant :

En tête : Braulot et Sarankané, suivis d'un petit groupe de sofas, puis le lieutenant Bunas avec le gros du détachement, ensuite le convoi.

A l'arrière-garde: Le sergent Miskiewitz et une section ; les sofas de Sarankané suivaient.

Peu à peu, les chevaux forcent l'allure, le convoi ne suit pas ; il se produit un allongement important, les sofas gagnent du terrain sur les flancs. Bientôt le capitaine Braulot n'est plus en vue.

On arrivait près de Bouna, quand vers la tête de colonne retentit un son de trompe suivi de deux coups de feu. Ces deux coups de feu qui tuaient Braulot donnaient le signal du massacre.

Nous perdions là 2 officiers, 1 sergent européen, 47 indigènes non compris les porteurs, 67 fusils Gras, 18,000 cartouches. 36 hommes avaient pu s'échapper.

Le commandant Caudrelier apprend ces tristes événements aux environs de Boromo.

Sa situation était critique. Ce guet-apens était une déclaration de guerre. Abandonner le pays, il ne le voulait pas. Y rester, c'était courir les chances d'un désastre.

On signalait alors les bandes de Samory à Sidardougou (3,000 hommes), à Bobo-Dioulassou. Sarankané était à Bouna (3,000 hommes).

Si, exécutant un plan d'ensemble, ces bandes se mettaient en marche, que trouveraient-elles devant elles ?

A Ségou plus rien, à San 30 hommes, à Sono 30 hommes, à Boromo 90 hommes, à Lokhoso 110 hommes, à Diébougou 30 hommes, dans le Gourounsi 90 hommes dispersés un peu partout, et enfin la colonne Caudrelier comprenant 220 fusils et 2 pièces.

Le Commandant avait déjà demandé des renforts. Le Gouverneur avait répondu qu'il n'avait aucun homme disponible.

Malgré les dangers de la situation, pour ne pas avoir l'air de fuir et pour conserver l'ascendant moral, le Commandant décide qu'on restera à Lokhoso et que, si l'occasion se présente, on ira occuper Bouna.

Le 5 septembre, il arrive à Diébougou avec 2 compagnies, 2 pièces, 50 cavaliers et un important convoi de vivres comprenant 80 jours de vivres destinés à Lokhoso et 20 jours pour la colonne en outre des dix jours que les hommes portent sur eux.

Le 7, la colonne part pour Lokhoso où elle arrive le 9 sans qu'on ait pu obtenir de renseignements sur Samory.

Des reconnaissances envoyées dans toutes les directions ne signalent aucun ennemi. Les sofas ont disparu.

Rassuré de ce côté, le commandant Caudrelier laisse 60 hommes à Lokhoso et se porte avec 250 fusils dans la direction de Bobo-Dioulassou.

Marche sur Bobo-Dioulassou.

Le pays est désert. Le terrain, ou marécageux ou semé de cailloux ferrugineux, ralentit beaucoup la marche.

De nombreux porteurs sont blessés aux pieds.

Le 23, arrivée à Sidardougou, où l'on relève des traces de campements de 7 à 8,000 hommes.

On y apprend que Samory en est parti au commencement du mois, vers Kong, par le Sud-Ouest.

Le lendemain, on traverse par des chemins atroces la falaise de Dassoulani.

Le 25, la colonne approche de Bobo-Dioulassou, défendue par ses habitants et une centaine de sofas.

En trois heures, la ville est enlevée après une guerre de rues qui coûte 14 blessés dont 2 officiers.

Après trois jours de séjour, pendant lesquels on engage les habitants à rentrer sans qu'ils aient à craindre des représailles, la colonne repart sans laisser de poste à cause des faibles effectifs dont elle dispose et rentre à Diébougou sans incident (5 octobre).

Une compagnie retourne à Lokhoso pour renforcer le poste qui y a été laissé.

A Diébougou, le Commandant trouve un télégramme lui prescrivant d'évacuer Lokhoso. On semble mettre en doute le guet-apens de Bouna, on lui rappelle qu'à tout prix il ne faut pas engager d'action contre Samory.

Si le Commandant avait obéi l'effet eût été désastreux.

Il répond que la situation est améliorée, qu'il est impossible de reculer ; qu'au contraire il va marcher sur Bouna dont les chefs sont disposés à reconnaître l'influence française.

Fin octobre un nouveau télégramme lui enjoint formellement de ne rien tenter d'autre vers le Sud, que, d'ailleurs, les Anglais ont occupé Bouna.

Le Commandant est contraint à obéir. Il emploie la fin de l'année à rassembler des vivres sur la ligne San, Lokhoso, longue de 600 kilomètres.

Dans les régions Oulé et Lobi on ne pouvait trouver de porteurs ;

il fallait les prendre dans le Nord de Diébougou, ce qui imposait à ces derniers l'obligation de faire 7 à 800 kilomètres (retour compris) avec 25 kilogrammes sur le dos.

On conçoit qu'ils répugnaient à faire cette promenade, aussi, au début il fut nécessaire d'employer la force.

Des dépôts de vivres furent créés peu à peu pour diminuer la longueur des trajets.

Cependant le commandant Caudrelier acceptait difficilement l'inaction à laquelle on l'obligeait et les habitants commençaient à l'attribuer à l'impuissance des Français.

En novembre, il envoie une compagnie créer un poste à Bobo-Dioulassou, elle y est bien accueillie.

En décembre, il apprend que les Anglais sont revenus à Oua et et que Sarankané-Mory doit évacuer Bouna prochainement.

Aussitôt il prévient le commandant du poste de Lokhoso (capitaine Bouland) de se porter vers ce point. Lui-même va suivre avec ses deux compagnies.

Marche sur Bouna et Kong.

Le 10, il reçoit une lettre du capitaine Bouland lui annonçant que les Anglais sont à Bouna depuis le 17 novembre. Or, d'après le télégramme du Ministre des colonies, ils y étaient depuis octobre.

Le commandant Caudrelier se résigne à ne pas occuper Bouna où il aurait pu être le 13 si on l'avait laissé agir au moment voulu.

Mais puisqu'il est en route, il veut en profiter pour devancer les Anglais à **Kong**.

Comme le pays au Nord de Lokhoso est désert, chaque tirailleur doit porter vingt jours de riz.

Le 16, on crée le poste de la **Comoé**, à 60 kilomètres au Nord de Kong (lieutenant Demars, 100 hommes, 20,000 cartouches, 45 jours de vivres).

Cet officier a l'ordre de surveiller les directions Bouna-Kong et de marcher sur cette localité si les sofas l'évacuent et si les Anglais marchent vers elle.

La colonne remonte au Nord à Diébougou, pacifie ensuite la route du Gourounsi à travers un pays montagneux et difficile, et après une série de combats qui coûtent 50 blessés dont 4 officiers et 2 sous-officiers européens, rentre à Boromo le 20 janvier 1898. Le commandant y trouve deux lettres lui annonçant que les Anglais se préparent à marcher sur Kong et qu'ils ont chassé le petit poste français de Oua.

Il envoie l'ordre au **Lieutenant Demars** de devancer les Anglais pendant que de sa personne il se porte sur Oua pour y voir le colonel Northcott.

Occupation de Kong.

Le 23 janvier 1898, le lieutenant Demars, avec 80 hommes, arrive en vue des ruines de Kong (1) et en chasse les quelques sofas qui y étaient restés. Craignant un retour offensif, il demande du renfort à Lokhoso et se hâte de constituer une réserve de vivres pour quatre à cinq semaines.

Le 12 février, le **Lieutenant Méchet**, venant de Lokhoso, le rejoint avec quelques hommes, qui portent l'effectif total à 2 officiers, 5 sous-officiers et 140 hommes.

Le 13 les sofas reparaissent et dans la soirée le poste est bloqué par environ 3000 ennemis.

Blocus de Kong (13-27 février).

Alors commence le blocus de Kong pendant lequel les défenseurs firent preuve d'une énergie remarquable.

Le poste était installé au Sud-Est de la ville dans un groupe de ruines ayant de bonnes vues et organisé défensivement.

Il y a des vivres pour environ un mois, 200 cartouches par homme ; malheureusement l'eau potable manque, il faut l'aller

---

(1) La ville était détruite et absolument vide d'êtres vivants. Par contre, plus de 10,000 squelettes jonchaient le sol, donnant à l'ensemble une impression de désolation indéfinissable et témoignant de l'ancienne activité de cette morne nécropole.

chercher à quelque distance du poste, dans le fond d'un marigot que les sofas surveillent constamment et battent de leurs feux.

On creuse bien un puits, mais son débit est insuffisant pour abreuver tout le monde.

Au début les sofas tentent des attaques de jour et de nuit, mais les feux de salve leur faisant beaucoup de mal, ils se contentent bientôt de tirailler, se livrant à un véritable gaspillage de munitions. Dans le poste on ne leur répond que le moins possible, pour ménager les cartouches. Aussi les griots s'enhardissent, et chaque soir ils viennent crier les hauts faits de Samory : les convois ont été enlevés, nos postes de la Comoé, de Lokhoso exterminés.

En outre ils excitent les tirailleurs à déserter en leur promettant la vie sauve et une existence bien plus agréable.

Les souffrances causées par la soif engendrent quelques actes d'indiscipline entre tirailleurs et gradés indigènes, mais la présence des officiers ramène vite le calme.

Ceux-ci sont obligés de garder l'eau dans leur case.

A partir du 17 l'eau manque.

Le 20, on ne distribue que 3/4 de litre par jour aux tirailleurs, 1/4 aux porteurs et réfugiés, 3 litres aux animaux.

Le 21, 7 personnes meurent de soif ; le 22, 5 autres et 3 chevaux ; le 23, 5 morts ; le soir on fait une corvée d'eau qui coûte 2 tués, 4 blessés.

Le 24, la ration est réduite à un 1/2 litre ; le dernier des 9 animaux meurt.

Le 26, on entend au loin des feux de salve, le canon ; puis à midi, plus rien.

Le 27, la colonne victorieuse dégage le poste.

Pertes pendant le blocus : 1 sous-officier blessé ; 2 tués, 19 blessés ; 3 porteurs tués, 5 blessés ; 26 morts de soif ; 9 animaux.

Cartouches brûlées : 11231 sur 28000.

Le capitaine Bouland, auquel le commandant Caudrelier avait remis le commandement à Boromo pendant qu'il allait régler la question de Oua, avait reçu avis le 15 février de la situation du détachement de Kong et s'était mis immédiatement en route avec la colonne comprenant 2 compagnies, 2 pièces, un convoi de 10 jours de vivres, soit en tout 500 hommes et 30 animaux.

Le 16, le commandant Caudrelier revenant de Léo le rejoint en route ; le 23 le poste de la Comoé est atteint, les 25 et 26 il faut livrer combat aux sofas, le 27 on est devant Kong que les sofas abandonnent presque sans résistance.

Pour dégager le pays, jusqu'au 5 mars, des détachements sont envoyés sur les directions Tiémou, Bouna, Sokolo-Dioulassou.

Une compagnie (capitaine Teissonnière) est laissée à Kong avec 1 pièce, 2 mois de vivres, 50,000 cartouches, et le 6 mars la colonne se met en marche sur **Bobo-Dioulassou** où elle arrive le 25 mars.

C'est là que le commandant Caudrelier apprend la rupture avec **Babemba**, et reçoit l'ordre de surveiller la direction de **Sikasso**.

Il se porte en avant, livre le 13 un combat où il a deux tués, 14 blessés, et prend position à Kangala à l'ouest de Bobo-Dioulassou, prêt à cueillir les fuyards de Sikasso.

Le 3 mai, il reçoit la nouvelle de la prise de la ville et l'ordre de s'y rendre avec ses forces.

Il y arrive le 6.

Cette colonne de 14 mois, effectuée dans un pays encore inexploré, au milieu de populations hostiles, avec la menace constante des bandes de Samory et de nouvelles difficultés créées par les Anglais, réussit de la façon la plus heureuse.

Elle fait le plus grand honneur à son chef et aux officiers qui l'ont secondé.

Conflits avec la mission Anglaise du colonel Northcott.

En octobre 1897, la Commission de délimitation Franco-Anglaise se réunit à Paris. Aussitôt, dans la boucle du Niger, les missions Anglaises se reportent en avant.

A Oua, où il y a déjà un poste français, un poste anglais vient s'installer.

Le 17 novembre, les Anglais occupent Bouna.

En décembre, notre poste est forcé d'évacuer Oua sous la menace d'une démonstration armée.

En même temps les Anglais revendiquent, par lettres officielles, Oua, Bouna, le Lobi (Diébougou) et le Gourounsi (Léo) !

Le commandant Caudrelier en se rendant à Oua trouve à Nassa un poste anglais qui lui rend les honneurs sans faire une observation. Le soir un envoyé du colonel Northcott, le capitaine Fortescue, lui remet une lettre où il est dit qu'à partir de Nassa le Commandant doit se considérer sur le territoire anglais.

Celui-ci répond qu'il n'admet pas cette prétention et se porte à Oua où était le colonel Northcott et fait arborer le pavillon français sur l'ancien poste.

Le colonel menace de considérer ce fait comme un acte d'hostilité ouverte.

Le commandant dit que les Français ont eu les premiers droits et qu'il est décidé à les maintenir.

Le 3 février, il quitte Oua après y avoir laissé un officier, le **lieutenant Mercier.**

Il est bon de faire remarquer qu'en dehors des entrevues officielles, les relations entre officiers français et anglais furent courtoises et cordiales, et ces Messieurs se reçurent réciproquement à dîner.

Au mois de juin 1898, le colonel Northcott reprenait pareil procédé d'intimidation.

Le lieutenant Dussault commandait alors un poste de 19 hommes sur la frontière du Gourounsi, au nord de Gambakha, quand se présenta une colonne anglaise comprenant 200 tirailleurs et 4 canons.

Le colonel Northcott, qui la conduisait, voulut s'installer dans le même village malgré les observations du Lieutenant.

Pendant la discussion, celui-ci aperçut dans le camp anglais un chef indigène Bokari-Koutou qui était notre ennemi. Il ne put s'empêcher de faire remarquer l'indélicatesse du procédé.

Le Colonel, assez penaud, dit que ce chef était sous la protection de l'Angleterre, qu'il occuperait le village et que le lendemain il se porterait sur Ouaghadougou.

Le lieutenant Dussault prévint immédiatement les postes français à proximité, et ne pouvant arrêter la marche de la colonne anglaise, il se contenta de la suivre.

Une action se serait probablement engagée si le télégramme annonçant la signature de la Convention du 14 juin n'était arrivé à temps pour arranger les choses.

Les Anglais étaient alors à Kombisiguiri à 60 kilomètres au sud de Ouaghadougou.

Pareils procédés se passent de commentaires.

MISSIONS BLONDIAUX, BAILLY-PAULY

Avant de parler des opérations qui ont amené la prise de Sikasso, il est nécessaire de dire un mot de deux missions, dont l'une, conduite par MM. Bailly et Pauly, a malheureusement amené la mort des deux explorateurs, tandis que la seconde, celle du lieutenant Blondiaux, a été surtout utile parce qu'elle a fourni des renseignements sur la région où Samory vint se faire prendre un an plus tard.

Mission Bailly-Pauly.

Partis de Konakry fin décembre 1897, ces deux explorateurs contournent Sierra-Léone et atteignent Kissidougou.

Leur but est d'explorer le nord de Libéria et de reconnaître les sources du Cavally.

Ils quittent le poste français de Kissidougou le 23 février 1898, avec 20 anciens tirailleurs, et le 16 mai ils sont massacrés à Zolou, sur la route de N'Zo.

Mission Blondiaux.

La convention de décembre 1892, conclue avec Libéria, fixait comme frontière le cours du Cavally et une ligne fictive partant du confluent du Férédougouba et allant jusqu'au 10ᵉ degré de longitude.

Le lieutenant Blondiaux avait pour mission de reconnaître le Haut-Cavally, de déterminer ce qu'était le Férédougouba, que l'on croyait alors être un affluent du Cavally, et de gagner la côte s'il était possible à travers la forêt.

Il quitte **Beyla** le 6 février 1897 avec un adjudant et 22 tirailleurs, reconnaît **Kani, Sakhala**, atteint le Haut-Bandama dans le Tenindieri, exploré en 1894 par Marchand, revient par **Koro**, où la colonne Combes est venue en 1893 et où le capitaine **Vuillemot** est passé en 1896, constate que le Férédougouba est une des branches du Sassandra et gagne Séguéla, où fut tué le capitaine **Ménard** en 1892.

Toute cette région est plutôt en bonnes relations avec Samory, dont les bandes rayonnent constamment dans les environs.

Il descend au Sud, à **Buonsira,** où il entre en contact avec les peuplades des forêts. Les habitants, les **Lôs,** non anthropophages, ne sont pas les amis de Samory, qui n'a pu les réduire.

Ils ne sont pas non plus les siens, car ils lui tendent un guet-apens où il faillit périr.

Remontant à Séguéla, il atteint **Doué** le 4 mai, puis **Touba,** d'où il repart bientôt vers le Cavally à travers la forêt dense.

Il gagne les bonnes grâces du chef Gargara-Oulé, qui nous rendit de signalés services l'année suivante, arrive à **Nzo** et par **Lola** rentre à Touba en juin 1897, où il attend la fin de l'hivernage.

En septembre, les postes de Touba et Dabala sont créés (capitaine Ristori).

Le 15 décembre 1897, le lieutenant Blondiaux repart avec 50 tirailleurs, passe à Doué, entre alors dans un pays montagneux, très difficile, peuplé de tribus hostiles, les **Dioulas,** dont les villages perchés sur des pitons sont inaccessibles.

A **Man,** village situé au sommet d'un rocher et entouré de plusieurs rangs de palissades se dressant au milieu d'une végétation épaisse de palmiers et de lianes, il est accueilli avec défiance et le soir même est attaqué.

Le lendemain, au petit jour, il exécute une périlleuse retraite qui lui coûte 4 tués et 17 blessés.

Le 5 janvier 1898, il est à **Toungaradougou**, où il attend des munitions qui n'arrivent que le 5 février.

De là il se rend à Lola, où il explore les sources du Cavally, mais constate l'impossibilité de traverser cette région, en raison de l'hostilité des habitants.

Il rejoignait Beyla, quand il reçut en route le télégramme l'appelant à Bammako pour prendre part à la colonne de Sikasso.

COLONNE DE SIKASSO

Lieutenant-Colonel Audéoud.

A la fin de l'année 1897 et après de nombreux actes de sourde hostilité commis par ses sofas, **Babemba**, fama du Kénédougou, dont la capitale est **Sikasso,** refusa de payer le tribut annuel, pourtant bien minime, 100 bœufs.

En même temps, ses troupes violaient les frontières des pays voisins soumis à notre influence, pillaient et ravageaient les villages de la rive gauche de la Bagoé.

Ce changement d'attitude était dû au voisinage de Samory, dont Babemba était devenu le grand pourvoyeur.

Les deux potentats ne s'accordaient pas toujours, et leurs sofas se livrèrent plusieurs combats où ceux de Babemba conservèrent l'avantage. Dès lors Babemba se crut invincible et manifesta son intention de rompre avec la France.

Le Lieutenant-Gouverneur organisa une mission chargée d'aller à Sikasso pour lui faire des remontrances amicales et régler la délimitation des frontières.

Elle fut confiée au capitaine Morisson.

Mission du capitaine Morisson.

Le 17 janvier, il quitte **Bougouni** avec une escorte de 15 tirailleurs et atteint Sikasso le 27, sans avoir été inquiété.

Après une série de palabres interminables, le capitaine se rend compte qu'il se heurte à une volonté bien arrêtée, qu'il n'obtiendra rien, et prend la route du retour.

Babemba était, en effet, bien résolu à la guerre.

Pendant que la mission était en route, il avait écrit une lettre insolente et expédié à Ségou un cadavre enveloppé de nattes, ce qui signifiait que dorénavant les cadavres seuls seraient entre lui et les Français.

Pendant la deuxième étape, la mission tombe dans un guet-apens. En un instant elle est entourée par un millier d'hommes ; ses armes, ses bagages lui sont enlevés.

Le commandant de la garde de Babemba fait un grand discours au capitaine Morisson, lui disant que derrière ses murailles le *fama* ne craint rien, qu'il entend rester maître chez lui.

Puis il laisse la mission libre de regagner Ségou, ce qu'elle put faire sans encombre.

Tous ses membres s'étaient bien crus perdus et ne s'expliquaient pas cet acte de générosité. De fait, il n'y en eut pas ; ils durent à un simple malentendu d'avoir la vie sauve. Babemba avait au contraire donné des ordres pour qu'ils soient massacrés. Ceux qui ne les exécutèrent pas eurent la tête coupée.

Dès le lendemain, toutes les troupes de Babemba quittaient Sikasso pour venir piller et incendier le pays à l'est de Ségou.

Dès que le **colonel Audéoud**, lieutenant-gouverneur par intérim du Soudan, est informé de ces faits (8 février), il télégraphie au Gouverneur général, à Saint-Louis, qu'il est impossible de ne pas relever cette insulte, surtout après l'inaction constante contre Samory, depuis l'échec de la colonne Monteil et le massacre récent de la mission Braulot. Tout le Soudan à l'est du Niger est en effervescence. Une révolte générale est à craindre.

Le 17, le Gouverneur général répond qu'il vaut mieux négocier.

Le colonel Audéoud lui objecte que ce serait courir à une nouvelle insulte et envoyer le négociateur à une mort certaine.

Devant cette insistance, le Gouverneur télégraphie au Ministre des colonies (M. Lebon), qui donne l'autorisation d'agir par les armes.

L'ordre de formation de la colonne paraît le 15 mars.

Pour bien faire comprendre les difficultés avec lesquelles le lieutenant-colonel Audéoud allait se trouver aux prises, il est nécessaire de jeter un coup d'œil sur les forces militaires dont il pouvait disposer.

TROUPES DU SOUDAN

Les troupes du Soudan comprennent des troupes régulières et des troupes auxiliaires.

Troupes régulières.

Infanterie. — 1 régiment de tirailleurs soudanais à 18 compagnies de 150 hommes, plus une de circonstance.

Cavalerie. — 1 escadron de spahis soudanais à 150 sabres.

Artillerie. — 1 batterie comprenant 10 pièces de 80 de montagne groupées en 5 sections. — A Bammako, il y a une réserve de quelques grosses pièces de 80 de campagne et de 95. — Enfin un peu partout sont disséminés les anciens 4 de montagne. — 1 compagnie de conducteurs. — 1 compagnie d'ouvriers.

Troupes auxiliaires.

5 compagnies d'infanterie dans les régions frontières.

1 escadron de gardes-frontières.

Soit en tout 4 à 5,000 hommes environ.

INFANTERIE — TIRAILLEURS RÉGULIERS

Les tirailleurs réguliers sont recrutés par voie d'engagement avec prime, comme les tirailleurs algériens.

Ce recrutement ne présente aucune difficulté.

Les indigènes de cette région, Foulbés et Toucouleurs, ont la guerre dans le sang ; ils en ont l'instinct, sont adroits et rusés. Leur instruction militaire se fait très rapidement. Il est vrai qu'elle est rudimentaire. On les exerce surtout au tir, car ils tirent mal.

En dehors du tir, on cherche à leur donner l'esprit de cohésion. Comme ils sont très disciplinés et qu'ils se rendent très bien compte des résultats qu'elle donne au combat, ils ont vite compris ce qu'on leur demande et restent dans la main de leurs chefs.

Grands, solides, ils sont excellents marcheurs.

Le mépris absolu qu'ils ont de la mort leur assure une bravoure aussi calme qu'étonnante.

Leur habillement comporte le pantalon de toile et la vareuse de l'infanterie de marine. Leur coiffure est une chéchia.

Leurs chaussures sont des sandales, mais ils vont souvent pieds nus.

Ils sont armés du fusil 1874.

Comme équipement, ils n'ont que le ceinturon avec gibernes. Leurs vivres sont placés dans des musettes ou des peaux de bouc qu'ils portent sur l'épaule.

TIRAILLEURS AUXILIAIRES

Chaque cercle doit pouvoir fournir à un moment donné un certain nombre d'hommes qui constituent une sorte de réserve.

Ces hommes sont inscrits et sont tenus de répondre aux appels qu'on ordonne.

On ne les lève qu'en cas d'urgence, et, comme il n'y a pas de fonds spéciaux pour eux, on les habille comme on peut, avec l'étoffe connue sous le nom de Guinée, que les tailleurs du pays coupent et ajustent à la hâte.

Quand il n'y a pas de ceinturons, de bretelles de fusil, ce qui est le cas général, on taille des lanières dans les peaux de bœuf pour en tenir lieu.

On leur donne un fusil Gras dont on leur enseigne rapidement le maniement ; ils font trois ou quatre feux de salve et les voilà prêts à entrer en campagne.

Avec les qualités natives de leur race, en huit jours ils se comportent aussi bien au feu que les réguliers.

Sur les 1,300 hommes de la colonne de Sikasso, il y avait 800 auxiliaires, dont 600 non instruits.

CAVALERIE

Les indigènes sont mauvais cavaliers. Ils sont remontés avec les chevaux du pays.

Ceux-ci sont plutôt petits que grands, nerveux et très résistants ; les régions qui produisent les meilleurs sont le Macina, le Mossi et le Liptako. Il n'y a pas de chevaux dans le Sud ; ceux qu'on y importe ne vivent qu'un an.

Le harnachement des chevaux est loin d'être uniforme. Les selles viennent de France, d'où l'on envoie tous les fonds de magasins, tous les modèles surannés.

Selles de cuirassiers, de dragons, de hussards, selles arabes, seront bien bonnes pour le Soudan.

La selle qui a le mieux réussi est la selle hongroise avec panneaux mobiles. Tous les rapports concluent à son adoption.

ARTILLERIE

Les artilleurs doivent être, en principe, des Européens, mais, au bout de deux mois, ceux que l'on envoie tombent malades et il faut les rapatrier.

Heureusement, les indigènes sont assez bien doués pour faire d'aussi bons canonniers que de bons fantassins.

Les servants sont donc pour la plupart des indigènes, les gradés seuls sont des Européens.

COMPAGNIE D'OUVRIERS ET COMPAGNIE DE CONDUCTEURS

La compagnie d'ouvriers et la compagnie de conducteurs sont à Bammako.

La compagnie de conducteurs dispose de 1,000 mulets. Elle est chargée d'assurer le service des convois qui circulent toute l'année sur la route, entre le point terminus du chemin de fer et Bammako, par Kita, et de fournir des montures à tous les officiers qui arrivent.

Bammako est le grand centre d'approvisionnement du Soudan.

Tous les vivres y affluent et, de là, sont expédiés à tous les postes.

Par eau : Sur des chalands pour les postes du Niger.

Par voie de terre : Par voitures Lefèvre et par porteurs pour les postes de l'intérieur.

C'est sur la bonne route Kita-Bammako qu'on fit l'expérience des premières voitures Lefèvre où elles furent très appréciées.

VIVRES.

Les vivres comportent des vivres européens et des vivres indigènes.

Les vivres indigènes sont la viande, le mil, le sel.

Au début on donnait du sucre et du café à ces noirs qui n'en avaient jamais pris, puis on leur donna en remplacement une indemnité représentative que l'on a diminuée peu à peu et qu'on supprimera bientôt.

La ration de mil est de 1 kilogramme.

La ration de riz est de 500 grammes.

TRANSPORT DES VIVRES.

Par la flottille du Niger. — Depuis que la reconnaissance du cours du fleuve est terminée et la sécurité à peu près assurée, le ravitaillement s'opère par la flottille dont le point d'attache est à **Koulikoro**, à 30 kilomètres en aval de Bammako.

Elle comprend des chalands en bois, acier ou aluminium et des pirogues.

On compte environ : 12 chalands de 30 tonnes ; 18 chalands de 6 tonnes en acier ou aluminium ; une centaine de 2 à 20 tonnes, en bois.

Par voie de terre. — Les transports s'effectuent par porteurs ; les charges sont de 25 à 30 kilogrammes.

Les porteurs reçoivent les vivres sans viande et 0 fr. 30 à 0 fr. 50 par jour.

On en trouve facilement dans les régions pacifiées, mais lorsqu'il s'agit d'expédition, leur recrutement devient difficile. Il faut les faire marcher de force et les surveiller de près pour empêcher les désertions.

Ces forces sont réparties sur tout le territoire du Soudan Français (soit 600,000 kilomètres carrés, la France en a 529.000) divisé en **Cercles indépendants et Régions.**

Les cercles indépendants sont sous le régime civil et commandés soit par des administrateurs sortis de l'École coloniale, soit par des officiers.

Ainsi, Bafoulabé, Djenné sont administrés par des civils ; Kayes, Kita, Bammako par des capitaines.

Depuis la prise de Sikasso, il y a cinq régions divisées en un certain nombre de cercles. La région est administrée par un officier supérieur ; les officiers subalternes commandent les cercles.

Ces régions sont : Sahel (Nioro). Nord (Tombouctou), Macina (Ouaghadougou). Sud (Siguiri), Volta (Bobo-Dioulassou).

Le *budget* de la colonie comprend le *budget métropolitain* (6 millions) et le *budget local* (3 millions environ) ; les ressources de ce dernier proviennent d'un *impôt de capitation* et de certains droits spéciaux, tels que l'*Oussourou* perçu pour le passage d'une région à une autre.

Formation de la colonne.

Dès que l'expédition est décidée dans l'esprit du Lieutenant-Gouverneur, il se préoccupe de déterminer l'effectif de la colonne.

Se basant sur les renseignements reçus au sujet des fortifications de Sikasso et des troupes que Babemba peut mettre en ligne, il s'arrête au suivant :

6 compagnies d'infanterie à 200 hommes ; 80 cavaliers ; 4 pièces de 80 de montagne ; 2 pièces de 80 de campagne ; 2 pièces de 95 ; soit en tout 1,350 hommes.

INFANTERIE.

Où trouver les 1,200 fantassins ?

Il ne peut songer à enlever aux régions leurs réguliers, il lui en faut cependant pour encadrer les auxiliaires. Il les prendra donc dans celles où règne un calme relatif. Les régions Nord et Sud fourniront chacune 150 réguliers environ. Elles lèveront des auxiliaires en remplacement s'il est nécessaire. Les auxiliaires seront fournis par les cercles qui bordent le Niger, de Bammako à Djenné.

ARTILLERIE.

La réserve d'artillerie est dans les magasins de Bammako.

On a les plus grandes difficultés à mobiliser les huit pièces nécessaires.

Les affûts n'ont plus de roues : on y adapte des roues de voitures Lefèvre ou bien l'on en crée de toutes pièces.

Quant aux munitions, elles étaient avariées ; plus de 50 % des obus n'ont pas éclaté, les pétards de mélinite n'ont pu être utilisés.

CADRES.

Il y avait pénurie complète d'officiers. La relève était arrivée et il manquait 11 officiers sur 57.

Il fallut prendre les officiers de l'état-major, arrêter à Bammako ceux qui, ayant terminé leur séjour, allaient rentrer en France.

Pour l'artillerie, on en emprunta aux compagnies de conducteurs et d'ouvriers. On opéra de même pour les sous-officiers.

Concentration.

Les premières troupes réunies sont lancées en avant pour surveiller Babemba et protéger les territoires frontières.

Un groupe garde le passage du **Bani** sur la route de Segou, un autre celui de la **Bagoë,** à l'Est de Bammako.

Le capitaine **Coiffé,** qui commandait à **Bougouni,** sur la route directe de Sikasso, devait essayer de tromper Babemba sur la direction d'attaque, en répandant le bruit qu'il se formait plusieurs colonnes, dont la principale à Bougouni.

Le 25 mars, les éléments de la colonne sont réunis à Bammako et passent sur la rive droite du Niger.

Les renseignements recueillis sur le pays pour les facilités de marcher et de vivre ont décidé le colonel Audéoud à se porter sur Sikasso par la Bagoë et **Kinian.**

Le 7 avril, la concentration est définitive au poste de la Bagoë.

Les compagnies ont 200 hommes, 3 officiers et 5 sous-officiers européens, 4 sous-officiers indigènes, 8 caporaux, 2 clairons.

Seule, la première compagnie n'a que 75 hommes armés de fusils 86.

La cavalerie forme trois pelotons : 4 officiers, 7 sous officiers ou brigadiers européens, 98 spahis, 113 chevaux.

Les tirailleurs portent six jours de vivres et 120 cartouches.

Le convoi, qui comprend 90 voitures Lefèvre et 1,500 porteurs, transporte un mois de vivres européens, quinze jours de vivres indigènes, plus une réserve de 90 cartouches par homme, 200 coups par pièce de 80 de montagne, 300 coups par pièce de 80 de campagne et de 95. Un troupeau de bœufs assure 15 jours de viande.

Chaque officier a un domestique et deux porteurs. Il y a un porteur pour deux sous-officiers ou hommes de troupe blancs, un cuisinier et un porteur par popote. Par officier, un cheval ou mulet avec palefrenier. Un cheval ou mulet pour deux gradés européens.

Les premiers mouvements ont fait ressortir les difficultés de marche d'une aussi grande colonne.

Aussi il est décidé que la marche sur Sikasso s'effectuera en deux échelons, se suivant à un jour de distance.

Premier échelon : 4 compagnies, les pièces de montagne et de campagne, 2 pelotons de cavalerie, 600 porteurs et troupeau.

Deuxième échelon : 2 compagnies, 2 pièces de 95, 1 peloton de cavalerie, convoi de voitures et parc de munitions, troupeau.

Ce fractionnement offre les avantages de résoudre en partie la question de l'eau, d'alléger la marche des deux échelons et de faciliter surtout celle du deuxième échelon auquel on envoie tous les renseignements concernant les difficultés de la route, les ressources en eau, les emplacements de bivouac.

Marche sur Sikasso.

Le 10 avril, le premier échelon se met en marche sous le commandement direct du **Colonel Audéoud** ayant pour chef d'état-major le **Commandant Pineau**.

Les opérations proprement dites commencent ce jour-là.

On peut les diviser en quatre périodes :

Première période. — Du 10 au 15 avril. Période de marche.

Deuxième période. — Du 16 au 19. Détermination du point d'attaque, installation du bivouac.

Troisième période. — Du 20 au 30. Construction des batteries, travaux de défense du bivouac, tirs de siège, préparation de l'assaut.

Quatrième période. — 1er mai. Assaut.

PREMIÈRE PÉRIODE.

La distance à franchir est de 130 kilomètres, soit six étapes à 22 kilomètres chacune.

Le départ a lieu généralement à quatre heures du matin, l'arrivée à onze heures.

Le terrain est ondulé, couvert de broussailles peu élevées. Le 14 seulement, le passage d'un col présentera quelques difficultés. La piste qui sert de route est bonne, plutôt dure. Elle traverse de nombreux marigots à fond vaseux, aux berges escarpées. Les ponts n'ont pas été détruits, mais ils n'en valent guère mieux : il est nécessaire de les consolider avant de s'y engager.

Le pays est désert. Les habitants ont fui leurs villages ; on s'efforce de les y faire rentrer, ils reviennent volontiers et fournissent quelques vivres.

Selon la règle adoptée dans ces régions, la marche s'effectue en carré, le convoi encadré.

On adopte le même dispositif au bivouac, chaque face étant couverte par des petits postes, où toujours veille un Européen, faces et postes étant protégés par des haies d'épines ou de branchages quelconques.

Pour garder la ligne d'opérations et assurer le ravitaillement, un deuxième poste est créé à **Kinian,** avec une garnison de 100 hommes.

Dès le 11, la direction de marche est éventée par un chasseur, mais l'ennemi ne se montre pas.

Le premiers sofas sont seulement aperçus le 15, au passage du dernier marigot.

Ils n'essaient même pas de combattre mais font, à grande distance, des feux qui blessent quelques hommes.

Le 15, à quatre heures du soir, la colonne arrive en vue de **Sikasso** et s'arrête à 1,200 mètres de la ville, sur un plateau qui la domine d'environ 30 mètres.

Voici l'aspect de cette ville, d'après le journal de marche :
« Sikasso est située au milieu d'une grande plaine plantée de bouquets d'arbres.

« Elle est entourée de solides murailles qui ont sept mètres d'épaisseur à la base et cinq mètres en haut.

« Le périmètre a 9 ou 10 kilomètres.

« Un deuxième mur intérieur entoure tout un quartier au centre duquel se dresse un mamelon isolé et abrupt surmonté d'un énorme donjon.

« D'autres tatas, disséminés dans l'intérieur, montrent leurs murs élevés surmontés de créneaux et percés de meurtrières.

« Enfin, derrière le donjon, s'aperçoit vaguement le *Dionfoutou* (habitation ordinaire de Babemba), entouré d'un double mur de six mètres de hauteur et présentant en son centre un castel très fort et très haut, dont les terrasses crénelées se détachent sur les collines de l'arrière-plan.

« La population ordinaire est de 35,000 habitants.

« Babemba aurait 2,000 cavaliers et 10,000 fantassins bien armés et aguerris.

« Qu'est-ce auprès de cette puissance que notre petite armée de 1,300 hommes dont 600 à peine instruits et n'ayant jamais vu le feu ! »

Cette réflexion mélancolique s'explique par ce fait qu'on avait fait aux guerriers de Sikasso une réputation exagérée.

Ils étaient jusqu'alors les seuls qui avaient résisté aux bandes de Samory et, dans tout le Soudan, on les croyait invincibles.

La lâcheté de ces dernières n'avait pas donné la mesure de la valeur de leurs vainqueurs ; dès les premiers jours on put l'apprécier et reprendre la confiance qui assure le succès.

Les sofas de Babemba ont toujours montré une bravoure admirable ; venant gesticuler à 150 mètres des feux de salve, hurlant des injures, des menaces et des moqueries quand un obus décimait leurs rangs.

Tous bien vêtus, plus ou moins bien armés, mais faisant toujours un emploi très judicieux de leur feu et surtout du terrain.

Ils furent des ennemis réellement redoutables et seul leur manque de cohésion a pu permettre de les vaincre.

La soir du 15, dès que la nuit est tombée, les attaques des petits postes commencent et durent jusqu'au jour ; mais elles sont faites par groupes, sans plan d'ensemble.

Les feux de salve, exécutés de sang froid, en ont facilement raison et il en sera toujours ainsi.

DEUXIÈME PÉRIODE.

16 avril. — La reconnaissance des abords de la ville permet de constater qu'il est impossible de l'enlever par un coup de main. Il faudra recourir à un siège en règle.

Le point d'attaque choisi est la partie de l'enceinte comprise entre la porte Est et celle de Ségou.

Le bivouac est établi à un kilomètre de la place, à portée de l'eau, que l'on trouve dans un marigot à 600 mètres en arrière.

A 300 mètres en avant est une sorte d'éperon où s'installera la batterie de siège.

A une heure, le deuxième échelon rejoint.

Dès ce jour et jusqu'au 25, les sofas exécuteront, de jour et de nuit, des attaques continuelles et combinées sur les travaux en cours d'exécution, les faces du bivouac, le point d'eau, la ligne d'opérations, obligeant l'assaillant à une surveillance constante, à faire des reconnaissances journalières et le gênant beaucoup pour le ravitaillement et les évacuations.

Heureusement, les attaques sont exécutées par groupes d'un effectif trop faible pour prolonger l'effort ; des feux de salve bien réglés brisent net leur élan.

Entre temps, les sofas s'amusent à tirer à grande distance sur le bivouac et obligent à construire des tranchées et des parados.

Dès que les pièces sont en batterie, elles tirent continuellement sur la ville, les murs et les bâtiments principaux.

Les artilleurs n'avaient qu'une crainte, c'était que leurs obus, arrivant dans ces murs en terre, n'y fassent que de simples trous, auquel cas il devenait impossible de faire brèche.

C'est ce qui était arrivé à Skobelew en 1881, devant Géok-Tépé, la forteresse des Turkmènes.

Cette malechance ne se produisit pas, car les murailles de Sikasso contenaient de grosses pierres dont l'arrachement assura l'écroulement des terres.

TROISIÈME PÉRIODE.

La troisième période commence le 20; c'est la véritable préparation de l'attaque.

On construit la redoute du Tertre-Rouge, la tranchée qui relie le bivouac à la batterie de siège, le réduit dans lequel s'établiront les troupes qui ne prendront pas part à l'assaut. Le 25, a lieu le combat de Soukourani.

Combat de Soukourani.

Ce village aurait pu être gênant au moment de l'assaut ; sa destruction est résolue.

Un détachement de la force d'une compagnie et demie l'enlève au petit jour et le démolit en partie.

Mais l'ennemi sort en masse de Sikasso ; en un instant une dizaine d'hommes sont blessés, la retraite en échelons est ordonnée.

C'est à ce moment que tombe, frappé d'une balle en plein front, le **lieutenant Gallet,** sorti de St-Cyr en 1892.

Les pertes s'élèvent à 8 tués, 26 blessés.

Bientôt tout est prêt pour l'assaut.

Des ordres amènent devant Sikasso les détachements échelonnés sur la ligne d'opérations.

Le 30, tout le monde a rejoint.

L'assaut est décidé pour le lendemain 1er mai.

QUATRIÈME PÉRIODE. — ASSAUT.

Ordre : L'ordre pour l'assaut, très complet, est établi d'après les règles de l'art militaire.

Il précise bien le rôle des armes et des diverses unités.

Il mérite une étude rapide.

Rôle de l'artillerie.

Le 30 au soir, l'artillerie commencera la préparation de l'attaque et tirera en brèche un coup toutes les cinq minutes de quatre à six heures du soir, puis la nuit, un coup par demi-heure pour empêcher la réparation des brèches.

En outre, le rôle de chaque pièce est précisé pendant l'assaut.

La batterie de siège, ouvrant les brèches A et B, aura à tirer 55 coups par pièce.

La batterie de campagne, ouvrant la brèche C, aura à tirer 65 coups par pièce.

2 pièces de montagne suivront les colonnes d'assaut si celles-ci font appel à leur concours.

Les deux autres resteront au réduit.

Chacune de ces pièces disposera de 39 projectiles.

Rôle de l'infanterie.

Il est constitué trois colonnes d'assaut de la force d'une compagnie, une par brèche (capitaines Morisson, Truptil, Coiffé).

Le premier objectif à atteindre est le donjon.

L'ordre donne ensuite des recommandations générales pour la conduite des colonnes :

Aborder franchement les brèches ; les enlever au pas de charge, à la baïonnette ; occuper fortement les abords pour empêcher un retour offensif ; gagner rapidement du terrain en avant et sur les flancs en faisant la tache d'huile ; éviter toute dispersion ; *faire comprendre aux tirailleurs qu'ils auront tout le temps de piller après la victoire.*

Chaque colonne aura un pavillon qu'on plantera bien en vue en avant pour permettre à l'artillerie de suivre la marche de l'infanterie.

Chaque commandant de colonne pourra faire sonner un clairon pour assurer le groupement de son monde, cette sonnerie sera celle de la casquette suivie du nombre de coups de langue correspondant au numéro de la colonne.

Garder solidement les derrières et le flanc exposé ; ouvrir des communications ; profiter des déblais de brèches pour abriter les hommes contre les feux de flanc.

Eviter les imprudences, personne n'a à faire montre d'une bravoure que tous, dans la colonne, possèdent et reconnaissent à chacun.

Rechercher le succès avec le moins de pertes possible.

Pendant l'action, enlever les armes et les munitions des tués et blessés.

Briser les armes prises à l'ennemi.

Le service de deuxième ligne assurera l'enlèvement des hommes mis hors de combat.

Le signal de l'assaut sera donné par la charge sonnée par des clairons qui se tiendront, à partir de 4 h. 30 du matin, auprès du colonel, au mamelon de l'artillerie.

Chaque unité détachera deux plantons pour porter les ordres.

Les colonnes d'assaut seront en position à cinq heures du matin, à 5 ou 600 mètres des brèches qu'elles doivent enlever.

Le peloton du lieutenant Guillermin est chargé d'enlever le village de Soukourani ; il se portera à l'assaut en même temps que les colonnes.

Un détachement de huit ouvriers, ne comprenant que des hommes avec des pics et des pioches, accompagnera chaque colonne ; chacune aura huit gabions.

La réserve générale restant au bivouac comprendra : 2 compagnies; 2 pelotons de cavalerie et 2 pièces de 80 de montagne.

La sixième compagnie est au Tertre-Rouge.

Le troisième peloton de cavalerie couvrira la gauche du peloton d'infanterie attaquant Soukourani.

L'ambulance, les animaux non utilisés, les spahis démontés se tiendront à l'intérieur du bivouac dans les abris aménagés.

Munitions. — 150 cartouches par homme.

Les porteurs de munitions ne suivrent pas leurs unités.

Vivres. — Les unités qui prendront part à l'assaut recevront deux jours de vivres. Ils devront être cuits dès ce soir pour parer à toute éventualité.

Exécution de l'assaut.

Premier moment. — Tous les ordres préparatoires sont exécutés à la lettre.

A 5 heures 10, le colonel fait sonner le signal de l'assaut.

La colonne **Morisson** atteint le donjon à 6 h. 15.

La colonne **Truptil** bouscule à la baïonnette les sofas qu'elle rencontre et arrive au but en sept minutes.

La colonne **Coiffé** combat les meilleures troupes de Babemba ; ses sections progressent lentement, rencontrant dans cette guerre de rues une très vive résistance. A sept heures elle rejoint les deux autres compagnies.

Par un hasard providentiel, on trouve ouvertes quelques portes de la deuxième enceinte. C'est à cet oubli des sofas que la première partie de l'assaut dut de réussir si rapidement.

La colonne **Guillermin** réussit dans son attaque et rejette les sofas au-delà du marigot.

Pendant ce temps, l'ennemi sorti en masse de Sikasso, attaque vigoureusement la face Ouest du bivouac.

Arrêté net par les feux de salve, mitraillé par les pièces de 80, chargé par la cavalerie, il est rejeté en désordre jusque sous les murs de la ville.

Deuxième moment. — Attaque du Dionfoutou. — Le Colonel prescrit au commandant Pineau d'aller prendre le commandement des troupes d'assaut et d'achever l'occupation de la place.

Celui-ci donne des ordres pour l'attaque du Dionfoutou.

La compagnie Morisson est chargée de dégager l'Ouest. Son mouvement s'opère rapidement ; le mur extérieur est atteint, franchi, les sections de tête traversent la *Bananeraie* et le marigot.

A ce moment, le lieutenant **Loury**, sorti de Saint-Maixent en 1890 (1), est tué, et le lieutenant **Haüet**, de l'artillerie de marine, grièvement blessé.

Il est impossible de déboucher, il faut se contenter d'occuper le rempart.

La *colonne Coiffé* attaque par l'Est.

Des engagements partiels se produisent dans toutes les directions. C'est la période la plus difficile, car il faut dégager les abords du palais avant de l'attaquer directement.

On profite d'un temps d'arrêt pour relever les troupes qui ont souffert, la compagnie Morisson surtout.

Il est onze heures. Le feu a cessé partout, un seul point résiste encore. c'est le Dionfoutou.

Troisième moment. — Prise du Dionfoutou. — L'artillerie, amenée à un point favorable, peut ouvrir une brèche. A deux heures et demie, le réduit est enlevé d'assaut par les deux compagnies venues de la réserve générale.

Les derniers défenseurs se font tuer à côté de Babemba qu'on trouve parmi les morts.

A trois heures, toute résistance a cessé.

Pertes. — La journée coûtait 41 tués, dont 1 officier, 102 blessés dont 2 officiers, 1 grièvement et 5 sous-officiers européens.

Sitôt la mort de Babemba connue, dès le lendemain, les habi-

---

(1) Après trois ans de séjour au Soudan, dans des postes où il n'eut pas l'occasion de combattre, le lieutenant Loury rentrait en France. A Bammako, le colonel Audéoud l'arrêta pour faire partie de la colonne. Il accueillit cette nou_velle avec enthousiasme. « Enfin, s'écria-t-il, je vais donc pouvoir prendre part à une action sérieuse et courir la chance de décrocher une récompense. » Cette récompense, il l'obtint : la mort au champ d'honneur.

tants rentraient en masse, de nombreux sofas venaient se rendre et des chefs importants offraient leur soumission.

Conséquences.

Relèvement de notre prestige par l'écrasement, en quinze jours, d'un empire qui venait de résister victorieusement à Samory.

Repeuplement d'une région qui a toujours été prospère.

Disparition d'un chef qui, après Samory, était le principal marchand d'esclaves et le plus grand pillard du Soudan (1).

Disparition d'un État, État dans l'État, source de difficultés constantes.

Coup fatal pour Samory qui perd en même temps un allié éventuel et son dernier centre de ravitaillement.

L'effet produit sur lui et ses troupes fut plus grand que celui auquel ou pouvait s'attendre. Un affolement général gagna tout l'entourage de l'almamy qui, cédant aux prières de ses conseillers et de certains chefs, ramena précipitamment toutes ses bandes vers le Sud et prépara son exode vers l'Ouest.

COTE D'IVOIRE

Après l'insuccès de l'expédition Monteil, la pénétration resta stationnaire dans la Côte d'Ivoire.

Quand Samory abandonna Bondoukou, les Anglais profitèrent de son départ pour l'occuper. Or, le capitaine Binger avait placé ce point sous notre protection et une convention franco-anglaise l'avait formellement reconnu lors de la délimitation de la frontière entre la Côte d'Ivoire et la Côte d'Or (1891).

Sur les observations du Gouvernement français, le Gouvernement anglais fit reculer ses troupes.

Le 5 décembre 1897, l'administrateur Clozel occupait définitivement **Bondoukou** et y créait un poste.

Au mois d'avril suivant, des bandes armées, d'un effectif

(1) Babemba payait les bons chevaux 6 esclaves et vendait à Samory 12 esclaves les chevaux qu'il réformait.

d'environ 3.000 hommes, venant de la Côte d'Or, pénétrèrent sur le territoire français et vinrent assiéger le poste d'**Assikasso**, où se trouvaient deux administrateurs et 15 miliciens.

M. Clozel partit immédiatement de Grand-Bassam et fit deux tentatives inutiles pour chasser ces bandes dont l'effectif ne faisait que s'accroître.

Des renforts furent demandés au Sénégal et le lieutenant Laïrle avec son peloton put réussir à débloquer Assikasso, resté sans communications avec l'extérieur durant 63 jours.

Ces Achantis opéraient sous pavillon anglais. Encore un acte de bon voisinage à enregistrer.

Au mois de *juillet*, la liaison entre la Côte d'Ivoire et le Soudan était assurée par la création des postes de Satama et de Bouaké.

A la fin de l'année, une mission dirigée par l'administrateur **Hostains** et le lieutenant **d'Ollonne** est partie pour tenter de remonter complètement le cours du Cavally (1).

En outre, en janvier 1899, le capitaine du génie **Houdaille** a fait les premières études d'un tracé de chemin de fer partant de Grand-Bassam vers le Nord ; l'hostilité de tribus sauvages l'a empêché de progresser aussi loin qu'il aurait voulu.

OPÉRATIONS CONTRE SAMORY

Colonne de Kong.

Dès que le colonel Audéoud, par les rapports de ses agents et les dires des sofas de Babemba, peut pressentir le désarroi qui règne dans le camp de Samory, il pense que le moment est venu d'en finir avec cet adversaire qui nous brave depuis 16 ans et il prend l'initiative d'un mouvement général contre l'almamy.

Samory était originaire de **Sanankoro** sur le Haut-Niger Ancien esclave, de fétichiste devenu musulman, il avait réussi à se tailler un empire s'étendant du Fouta-Djallon à **Tombouctou**.

---

(1) Depuis, les lieutenants Wœlfel et Mangin ont été désignés pour descendre ce fleuve en partant du Soudan.

Son adversaire **Tieba**, résidant à **Sikasso**, lui enleva la moitié de ses États et dès 1889 se mit sous la protection de la France.

La lutte commença en 1882 sur le Haut-Niger où Samory réussit à se maintenir jusqu'en 1893. Cette année-là, le commandant Combes, continuant l'œuvre de ses prédécesseurs **Frey, Galliéni, Archinard**, le bouscule en plusieurs rencontres; l'almamy, traqué comme une bête fauve, peut néanmoins s'enfuir vers l'Est dans le pays de **Kong** qu'il ravage et où il rétablit sa puissance. Pendant quelque temps il séjourne à **Bondoukou**, à proximité de la Côte d'Or d'où il tire ses approvisionnements en munitions, maintenant qu'il n'a plus Sierra Leone.

Après l'expédition Monteil, il remonte vers le Nord et établit son quartier général dans le **Djimini** au Sud de Kong. Ses bandes battent toute la région, y jettent la terreur et la ruine.

Dans les dernières campagnes, on s'était rendu compte que les guerriers de Samory avaient fait des progrès en tactique, s'éclairant avec leur cavalerie, prenant de bonnes positions, combinant même des attaques de front avec des attaques de flanc. Leur armement était amélioré, les sofas avaient des armes à tir rapide et des munitions fournies par la contrebande de guerre cependant interdite. Bien plus, les armuriers de Samory étaient parvenus à fabriquer des armes et des cartouches ; on le reconnut à la grossièreté de certaines pièces, principalement des culasses mobiles. Les imitateurs ont même été assez consciencieux pour graver les numéros.

L'adversaire n'était donc pas à dédaigner et il fallait, en l'attaquant, éviter de courir à un échec qui aurait de nouveau compromis la situation dans tout le Soudan.

En deux mots, voici le plan d'ensemble formé contre lui :

Où sont les bandes de Samory ? Dans le polygone Tiemou, Kong, Seguela, Satama-Soukoro, cours de la Comoë et du Bandama (1).

Où sont les forces françaises ? Dans le Soudan, depuis le commencement de 1898 on a créé les postes de Odienné, Tombougou,

---

(1) Samory avait créé dans le Djimini la forteresse de Boribana. Il l'évacua au mois de juin et donna, comme point de concentration à toutes ses bandes, Seguela.

Beyla, Touba, Dabala. D'autre part Sikasso, Lokhoso, Kong sont occupés.

Dans la Côte d'Ivoire, des postes sont installés à Bondoukou, Assikasso, Kouadiokofi. Des canonnières et des pirogues surveillent les cours inférieurs du Sassandra et du Cavally.

Samory ne peut donc s'échapper que vers la Côte d'Or anglaise, vers le littoral ou vers Liberia en passant au Sud de nos postes. C'est cette direction qu'il choisit parce qu'elle le ramène vers son pays, **Sanankoro**, où il a encore des attaches et qu'elle le rapproche du Fouta-Djallon, tout récemment pacifié et qu'il espère peut-être soulever.

Le grave inconvénient qu'offre cette direction résulte de la configuration du sol sur son flanc gauche.

C'est la forêt dense, impénétrable où les ressources sont nulles, où les habitants sont inhospitaliers et insaisissables.

Samory traîne avec lui 12 à 15,000 sofas, 120,000 personnes et un convoi immense. Si nos forces le rejettent au Sud, il tombe en pleine forêt. Dès lors, il n'avancera qu'avec les plus grandes difficultés, épuisera ses approvisionnements. La famine amènera le découragement, la désertion. Il est perdu. A moins d'une chance extraordinaire, il sera pris ou tué.

C'est exactement ce qui s'est passé, avec cette circonstance aggravante que l'hivernage commencera plus tôt que de coutume, et que, durant trois mois, poursuivants et poursuivis auront à subir les plus violentes tornades, seront dans l'eau jusqu'au ventre et verront se décupler leurs misères et leurs fatigues.

Dès que Sikasso est pris, le Colonel prend les dispositions suivantes :

a) Il rappelle la colonne Caudrelier et forme la colonne de Kong dont il donne le commandement au **commandant Pineau** (1).

Elle aura pour mission de marcher sur **Tiémou** pour anéantir les sofas de Babemba, chasser ceux de Samory qui se seraient élevés au Nord et ravitailler Kong ;

b) Il prescrit à la région sud d'organiser de petites colonnes mobiles surveillant les routes :

(1) Le commandant Caudrelier rentrait en France.

1° Odienné, Tombougou, Tiémou. Celle qui opèrera sur cette ligne appuiera le mouvement de la colonne de Kong sur Tiémou ;

2° Tombougou-Dabala où l'on signale la bande commandée par **Bilali** ;

3° Les routes au sud de Beyla-Touba et l'on cherchera à entretenir dans cette région les bonnes relations avec les peuplades du Haut Férédougouba et du Gouan.

Enfin on constituera des réserves de vivres et de munitions à Odienné-Beyla.

La colonne de Kong était ainsi composée :

3 compagnies de tirailleurs auxiliaires ; 50 spahis : 2 pièces de 80 avec un convoi de 1.500 porteurs et 600 bœufs.

Le départ a lieu le 20 mai. La marche est pénible dans le massif très mouvementé du **Mont-Mina**. Les porteurs surtout ont à souffrir ; la plupart sont d'anciens sofas peu habitués à ce métier-là. Il faut les surveiller de près, aussi, malgré la forte chaleur on ne peut marcher la nuit. Ils sont divisés en trois groupes dont chacun marche sur 10 rangs.

Jusqu'au 28 on ne rencontre aucun ennemi. Les habitants accueillent la colonne avec enthousiasme.

Le 31 on atteint la bande de Bilali ; il refuse le combat et s'enfuit au Sud. Le 2 juin à midi, la colonne atteint **Tiémou** où l'on constate les traces fraîches de campements étendus.

Malgré la fatigue et la chaleur, le commandant Pineau décide la poursuite. On marche jusqu'à 4 heures. A 7 heures, il repart avec 200 tirailleurs, 40 spahis et 1 pièce. A 11 heures on enlève un petit poste. Malheureusement un homme tire un coup de fusil : c'est le signal d'une fuite générale et désordonnée. Les sofas s'enfoncent dans la forêt sans combattre. Dès lors il est impossible de continuer la poursuite.

Le détachement rejoint la colonne, ayant parcouru 116 kilomètres environ en 37 heures.

Près de Tiémou on crée le poste du **Bandama** (lieutenant Cotten, 100 hommes, 15.000 cartouches, 3 mois de vivres).

Le 8 juin, arrivée à Kong désormais dégagé.

Le dernier combat devant cette ville avait été livré le 30 avril par la garnison (compagnie Teissonnière).

La nouvelle garnison (capitaine Chaptal) est ravitaillée pour un an. Avec les hommes qui lui restent le commandant Pineau gagne Bobo-Dioulassou où il arrive le 14 juillet après avoir parcouru 4.000 kilomètres dont 2.000 en pays inexplorés.

Le mois suivant, le capitaine Benoît, parti de Kong, va créer les postes de **Satama** et de **Bouaké** qui établissent la liaison avec la Côte-d'Ivoire.

COLONNE DE LARTIGUE

Dans la région Sud, la colonne du lieutenant-colonel Bertin, qui devait agir de **Tombougou** sur Tiemou, n'a pu arriver à temps pour y joindre la colonne de Kong.

Le 19 mai, le commandant de Lartigue est chargé de diriger les opérations contre Samory. Il rejoint à **Odienné**, et le 14 juillet il est à **Touba** avec la compagnie Ristori et 100 hommes qui arrivent ce jour même avec le **lieutenant Wœlfel**.

Combat de Doué.

Ayant appris que Samory est à Doué, il part le 17 avec 248 fusils et 60 porteurs. Le 19, après une marche de jour très pénible de 25 kilomètres dans la forêt vierge, la colonne se porte par une marche de nuit à 3 kilomètres du camp ennemi, et, le 20 au matin, l'attaque vigoureusement.

Entouré par une nuée d'ennemis, le détachement eût été fort compromis, sans l'arrivée de 60 hommes conduits par le sergent Bratières, venant de Dabala par Touba. (11 tués, 28 blessés.)

Le 21, à 3 heures du matin, on bat en retraite sur **Ngo,** où l'on rallie vers 5 heures du soir le détachement du capitaine Gaden et du lieutenant Jacquemin (70 hommes).

Le 22, à 6 heures du matin, les sofas attaquent Ngo. La retraite continue sur **Touba,** qu'on atteint à 6 heures du soir. Les sofas se sont arrêtés à 7 kilomètres seulement de Touba (1 tué, 13 blessés). L'affaire de Doué coûtait donc au total 12 tués et 41 blessés.

Cet échec permet de constater que les sofas combattent avec

l'énergie du désespoir et avertit qu'il sera nécessaire d'agir avec plus de circonspection à l'avenir.

Sur la demande du commandant de Lartigue, le colonel Audéoud lui fait envoyer de Sikasso 100 hommes de renfort et autorise la levée des auxiliaires nécessaires.

Malgré son succès, Samory fait des offres de soumission, mais sans rien préciser. Ce qu'il veut, c'est gagner du temps.

Le début de la lettre qu'il écrit est à citer, à titre de curiosité :

« C'est à Dieu qu'appartient le commandement.

« Salut et bénédictions tant que le zéphyr soufflera !

« Que mille faveurs diverses et mille générosités aussi douces « que le miel et le sucre, aussi odorantes que le musc et l'ambre, « soient répandues sur le vertueux, celui qui accomplit de belles « actions, le commandant du poste de Touba, etc. »

Des pourparlers s'engagent pendant le mois d'août.

Le colonel Audéoud exige le désarmement, lui impose une résidence et demande ses fils comme otages.

Samory répond qu'il consentirait à se retirer à Sanankoro avec ses femmes et quelques hommes armés de fusils à pierre, pour chasser ; il accepte le désarmement, mais refuse les otages et la résidence obligatoire.

Pendant ce temps, il cherche des débouchés vers le Sud. Le 6 septembre, il envoie une nouvelle lettre, où il ne parle plus du tout de soumission.

A ce moment, tous les renforts sont arrivés, ainsi que les vivres, le commandant de Lartigue reçoit l'ordre de reprendre les opérations et d'en finir, si possible, avec l'almamy.

Dès le 18 août, le lieutenant Wœlfel, avec 110 hommes, était parti pour reconnaître la région.

Le 23, il est à **Guéaso.** Comme toute la contrée est empestée par les cadavres en décomposition, il se porte sur **Fanha** au lieu de marcher au Sud. Là, il apprend que Samory a l'intention de franchir le Cavally vers **Tiaféso** et il forme aussitôt le projet de passer sur la rive droite pour tomber dans son flanc droit ou lui couper la retraite par cette direction.

Le 4 septembre, il est à **Nzo.**

Le commandant de Lartigue donne alors l'ordre au capitaine **Gaden,** qui est à **Beyla,** de se porter sur Nzo (3 sections); lui-même suivra plus tard à Fanha, où il envoie 25 hommes.

Le 8, le lieutenant Wœlfel est prévenu que l'avant-garde passe le fleuve à **Tiaféso,** à 15 kilomètres de son bivouac. Le 9, il s'y porte et à 9 heures 20 surprend complètement les sofas.

Voici en abrégé un extrait du rapport relatant ce fait de guerre : « La marche est difficile, dans un sentier coupé de broussailles, de lianes enchevêtrées, au milieu desquelles il faut marcher courbé, alors que l'on enfonce jusqu'à mi-jambes dans une vase gluante et empestée, car il pleut torrentiellement depuis le 5. Pendant 3 kilomètres, la marche alterne avec les feux de salve, les sofas fuient en désordre, essaient de repasser le fleuve, qui coule à pleins bords, et s'y noient. Le reste, bientôt coupé du fleuve, est forcé de se rendre. »

2,000 guerriers, dont 300 avec fusils à tir rapide, 30,000 personnes, tombent entre les mains des vainqueurs, qui n'eurent qu'un blessé !

Le 11, la liaison est faite avec le détachement Gaden, le 15 les deux troupes sont à Nzo, et le 16 le commandant de Lartigue est à Fanha avec 110 hommes.

Le 18, arrivait une dépêche du gouverneur, acceptant les propositions de Samory. Heureusement il était trop tard, car la question Samory eût été éternisée, alors que onze jours plus tard elle était résolue.

En raison de ce succès, le commandant de Lartigue se rend compte qu'il faut presser les événements, coûte que coûte, et il prend des dispositions pour enserrer Samory.

Les postes de Touba, Dabala, ferment la route au Nord ; ceux de Satama, du Bandama, vers Sakala, de Bouaké, Kouadiokofi, celle du Sud. Les gués du Bafing (ou Gouan) et du Férédougouba sont gardés (capitaines Ristori et Conrard). Les détachements de Fanha et de Nzo barrent l'Ouest. Samory n'a plus d'autre ressource que de marcher au Sud-Ouest, à travers la forêt impénétrable et défendue par ses sauvages habitants.

Pour surveiller ses mouvements et le débusquer, le commandant lance au milieu du rectangle ainsi délimité la reconnaissance du **capitaine Gouraud**, comprenant 215 hommes portant 15 jours de vivres et 150 cartouches.

C'est à cette époque (25 septembre) qu'il écrit au colonel Audéoud la lettre dont voici un intéressant fragment : « La campagne « est dure, nous sommes tous à pied, impossible de monter à « cheval. Dans une seule étape je suis resté 4 heures dans l'eau « jusqu'au ventre. Nous ne mangeons que du biscuit et de l'en- « daubage. Le pays ne produit rien, ce qui explique la triste « habitude des habitants.

« Il est à la fois curieux et révoltant de voir la dextérité et la « rapidité avec lesquelles ils dépouillent un cadavre en morceaux. « La tête est coupée, le ventre ouvert, les intestins jetés, les « quatre membres enlevés et gardés par les guerriers ordinaires, « le buste est le morceau de choix, il est réservé aux chefs. Même « les enfants, au moment du combat, venaient se glisser au milieu « des tirailleurs pour dépecer les cadavres. Il a fallu tirer sur eux « pour leur faire lâcher pied. Cela n'a pas du reste interrompu « nos bonnes relations avec eux. Sans leur aide, nous n'aurions « pu arriver jusqu'ici et obtenir des résultats. »

Le capitaine Gouraud part le 24 septembre, suit l'itinéraire **Diuro, Denifesso**, et atteint le 28 le campement que Samory occupait trois jours avant, à 15 kilomètres au sud de Guélémou.

Là, il apprend que tout le camp de Samory est à **Guélémou**, que tout y est en désarroi, en pleine démoralisation, à peine s'il y a des avant-postes.

Le capitaine Gouraud rend compte de cette situation et avant de recevoir des ordres, tenté par le magnifique coup de filet qui s'offre à lui, il enlève Samory le 29. Ce coup d'audace est aussi bien conçu qu'exécuté.

Deux sections ont l'ordre de traverser le camp au pas de course sans tirer un coup de fusil. L'une ira occuper la route de l'Est, l'autre marchera droit sur la case de Samory. Un peloton suit en réserve, une section reste au convoi.

Toute cette foule de captifs reste pétrifiée devant l'irruption des tirailleurs qui passent à vive allure sans s'occuper d'elle, lui criant de se rassurer.

Samory qui lisait le Coran devant sa case entend des clameurs, voit le danger, veut fuir, mais le **sergent Bratières** le rejoint et le prend au pas de course avant qu'il ait pu trouver un cheval.

Dans les deux jours qui suivirent, les chefs des Sofas vinrent faire leur soumission.

Moktar et Sarankané-Mory, les deux plus influents parmi les fils de Samory, ne se rendirent qu'à la condition d'avoir la vie sauve.

Le 1er octobre, quand un peu d'ordre eut été remis dans cette masse de 50,000 personnes, la colonne prit la route de Beyla où elle arriva le 15.

Samory, ses fils et ses femmes furent dirigés ensuite sur Kayes où, le 22 décembre, leur fut signifié leur envoi en exil.

Arrivé à Saint-Louis dans les premiers jours de janvier, Samory tenta de s'y suicider.

Embarqué quelques jours après pour le Congo, il est aujourd'hui avec une suite de quelques fidèles interné à **Niolé** sur l'Ogoué (1).

Conventions avec l'Allemagne et l'Angleterre.

La disparition de Babemba et de Samory supprimant la traite des esclaves, c'est sans nul doute la pacification assurée de la Boucle du Niger, jusqu'à la région habitée par les Touareg.

L'activité des missions Destenave, Caudrelier, Voulet, Decœur, Baud et Vermeersch, Ganier, Bretonnet nous créait des droits incontestables sur les régions qu'elles avaient effectivement occu-

(1) Voici l'état approximatif des prises faites à Guélémou en dehors de tout ce qui avait été préalablement détruit :

4 fusils 86, 60 fusils Gras, 15 Martini, 500 fusils à tir rapide de divers modèles, 1000 fusils à silex, 2 caisses de cartouches 86, 88 caisses d'autres cartouches, 20 barils de poudre, 1 canon (pris aux Anglais à Oua), 60 chevaux, 1 mulet. Un trésor de 250,000 fr. en anneaux d'or.

Veut-on avoir une idée de la famille de Samory ? 100 femmes, 100 garçons et plus de 200 filles, 8 frères et d'autres en bas âge (1 de 5 ans) 11 neveux ; son père était mort en 1896 dans le Djimini. Il avait auprès de lui 9 marabouts, 8 griots, 1 intendant. Ses chefs de bande étaient au nombre de 18, dont 5 renommés, surtout Bilali.

pées. Mais sur plusieurs points elles s'étaient trouvées en contact avec les missions allemandes et anglaises, il fallait donc compléter l'œuvre en déterminant d'une façon définitive les territoires qui resteraient désormais soumis à l'influence de chacune des trois nations.

La question fut réglée avec l'Allemagne, par la Convention du 23 juillet 1897, avec l'Angleterre par celle du 14 juin 1898.

Convention Franco-Allemande.

La convention Franco-Allemande laisse à l'Allemagne les territoires de **Sansanné Mango** et **Gambakha** et reconnaît à la France la suzeraineté sur le **Gourma**, assurant ainsi la liaison du Dahomey avec le Mossi et le Soudan. La limite Nord suit le 11e degré, puis le cours de la Volta Blanche jusqu'au 10e degré.

Par suite de l'arrangement qui fut signé plus tard entre l'Allemagne et l'Angleterre, Gambakha est aujourd'hui à l'Angleterre.

Les deux nations n'ont pu encore s'entendre pour régler la question du territoire de **Salaga** qui pour le moment reste neutralisé. Anglais et Allemands jouissent des mêmes avantages commerciaux.

Convention du Niger (Franco-Anglaise).

La Commission réunie le 17 octobre 1897 ne termina ses travaux que le 14 juin 1898.

Les journaux anglais déclaraient que l'Angleterre avait assez fait de concessions pour la Gambie et Sierra-Léone, et que désormais sa patience était à bout (1).

Ils rappelaient que la Convention du 5 août 1890 avait admis l'influence française jusqu'à la ligne Say-Barroua, laissant à l'Angleterre l'influence sur le Sokoto. Mais, alors que tout le monde était d'avis que le Sokoto s'étendait seulement sur la rive gauche du Niger, l'Angleterre prétendait qu'il débordait sur la rive droite, et déjà elle nous avait fait évacuer le poste d'Arenberg en 1895.

(1) En 1895, les Anglais réclamaient la possession du Fouta-Djallon, ce qui aurait séparé la Guinée Française du Soudan.

Les journaux réclamaient la reprise des territoires occupés par la mission Bretonnet.

Pour le Gourma, le Gourounsi, le Mossi ils invoquaient les traités passés par le mulâtre Fergusson.

Or celui-ci parcourait le pays avec quelques hommes, distribuait partout les mêmes imprimés, se figurant ainsi prendre possession des régions traversées au nom de l'Angleterre, alors que les actes généraux de 1885 et 1890 avaient bien spécifié qu'il fallait une occupation effective et efficace.

Pendant les négociations, les missions anglaises ne cessent d'empiéter sur les territoires où nous les avons devancées, chassant nos postes de gardes-frontières, procédant par intimidation et ne cédant qu'à l'arrivée d'officiers français.

Enfin le 14 juin 1898 les clauses de la Convention furent définitivement arrêtées.

Sur la Volta, la France laisse à l'Angleterre une partie du Gourounsi avec Oua, elle garde Bouna ; la Volta noire et le 11e de gré forment la frontière Ouest et Nord.

Sur le Bas-Niger, une ligne conventionnelle partant du Dahomey (9e degré) laisse **Nikki** à la France. L'Angleterre garde le **Borgou** avec les postes que nous y avons créés, Boussa, Arenberg, Ilo.

C'est un peu au nord d'Ilo que part la nouvelle frontière qui, sur la rive gauche, se substitue à l'ancienne ligne Say-Barroua.

Elle suit d'abord une dépression jusqu'à sa rencontre avec le 14e parallèle qu'elle suit également, puis elle contourne la ville de Sokoto à une distance de 100 milles, laisse à la France la ville de **Zinder** et atteint Barroua sur le Tchad en reprenant le 14e parallèle qu'elle a rejoint à 250 milles à l'Est de Zinder.

Les rives nord, est et sud du lac, jusqu'au Chari, sont reconnues dans la sphère d'influence de la France.

Enfin, pour supprimer les entraves apportées à la navigation du Niger par la Compagnie Royale anglaise, la France obtient pour 30 ans deux enclaves, l'une vers **Léaba**, l'autre à l'embouchure même du fleuve.

L'importance de ces conventions est évidente puisqu'elles con sacrent la liaison définitive de toutes les colonies françaises de la Méditerranée et de l'Océan atlantique avec le Congo français.

Mission Cazemajou.

On ne peut quitter la boucle du Niger sans donner un souvenir à la mission du capitaine du génie Cazemajou qui trouva à **Zinder** une mort tragique.

Cet officier avait séjourné dans le Sud Tunisien de 1889 à 1894 et s'était vivement intéressé à cette époque à une question qui passionnait tout le monde.

Un ex-interprète de la Régence, **Djebari**, prétendait avoir rencontré en 1893, à **Thaoua** dans l'Adrar, au nord du Sokoto, des Européens qui ne pouvaient être que les survivants de la mission Flatters.

Djebari avait-il raison ?

Voilà ce que le capitaine Cazemajou voulait aller vérifier sur les lieux tout en explorant des régions nouvelles.

A son arrivée au Soudan il fut d'abord attaché à la colonne du commandant Caudrelier qui l'envoya reconnaître la route du Gourounsi par Diébougou. Revenu ensuite à Sono pour préparer sa mission, il en part le 11 avril 1897 et en octobre il arrive à Say. Il descend le Niger jusqu'à **Carimama** pour y compléter son convoi et le 29 décembre, avec l'interprète Olive et 33 indigènes dont 18 tirailleurs réguliers, il quitte ce village pour se diriger sur **Argoungou** qu'il atteint le 15 janvier 1898. Il passe ensuite à Sokoto, à **Konni**, d'où il envoie un rapport daté du 3 mars.

Il y établit que Djebari n'est jamais venu dans l'Adrar, qu'il n'y existe aucun Européen et que la plupart des renseignements qu'il donne sur cette région dans sa brochure sont faux. L'oasis de **Thaoua** existe cependant ; elle est au sud-ouest d'Agadès, à 400 kilomètres sur la route de Tombouctou et à 80 kilomètres de Konni.

Ce sont les dernières nouvelles qu'on reçut de lui.

Il put atteindre Zinder le 11 avril (10,000 habit.), fut très bien reçu par le Serky (chef du pays), mais le 5 mai au moment où il partait de chez ce dernier, auquel il venait de faire sa visite d'adieux, il fut assommé à coups de bâton ainsi que son interprète.

Les tirailleurs de l'escorte donnèrent une nouvelle preuve de leurs qualités de dévouement et de devoir. Ils refusèrent de livrer leurs armes pour avoir la vie sauve, disant qu'ils ne partiraient qu'après qu'on leur aurait rendu les corps de leurs chefs. Attaqués chaque jour ils résistèrent jusqu'au 15 dans le poste où ils s'étaient retranchés. Dans la nuit du 15 au 16 ils commencèrent une périlleuse retraite qui dura trois jours.

Hors du territoire du Zinder ils furent bien reçus et atteignirent Ilo le 8 juillet ayant eu 8 tués et 14 blessés sur un effectif de 33 hommes.

CHAPITRE II

VERS LE TCHAD

SUD ALGÉRIEN

Mission Foureau-Lamy.

Une nouvelle tentative de la traversée du Sahara est actuellement en voie d'exécution.

La mission qui a entrepris ce périlleux voyage est dirigée par le commandant Lamy et l'explorateur Foureau.

Le commandant Lamy fut un des premiers organisateurs des troupes sahariennes. M. Foureau est l'explorateur connu du pays des Touareg. Presque chaque année, depuis 1892, il a parcouru à méhari les régions au sud de nos postes, principalement vers le Touat, par l'Oued-Mia et l'Oued-Méguiden, et il a fait ainsi 21,000 kilomètres, dont 9,000 entièrement nouveaux.

Il n'est donc pas étonnant de trouver ces deux hommes à la tête d'une mission qui foule aujourd'hui les sables du désert.

Le commandant **Lamy** a préparé de longue main cette mission. Longtemps à l'avance il avait choisi les officiers, les tirailleurs qu'il devait emmener. Il voulait des hommes sûrs, au physique comme au moral, entraînés aux longues courses à méhari, rompus à toutes les fatigues, endurcis à toutes les privations. Il posait ce principe que, pour réussir, il fallait se placer dans les mêmes conditions d'existence que les habitants du Sahara.

Enfin il n'avait eu garde de négliger la question des animaux et il faisait tenir à jour dans les diverses tribus l'état des méhara reconnus les plus infatigables.

La mission est ainsi composée : 5 officiers, 4 civils, 310 hommes armés de la carabine de cavalerie à répétition, 2 canons de montagne, un convoi de 1,100 chameaux.

Partie de **Ouargla** le 22 octobre 1898, elle a suivi la vallée de l'Oued-Igharghar par **El-Biodh.**

Un poste fortifié a été créé à **Temassinin,** à environ 500 kilomètres au sud d'Ouargla, pour assurer le ravitaillement le plus longtemps possible.

Le 14 décembre, elle abordait le plateau du Tassili, passe à Tighemagh le 23 décembre; à **Bir-el-Garama** le 3 janvier, à l'Oued-Affattakha (affluent de l'Oued-Igharghar) le 6. Le 9, elle traverse la ligne de partage entre la Méditerranée et l'Océan ($+$ 1,362 m.), arrive à **Tadent** le 16.

D'après une lettre datée de Tadent le 26, la mission est allée voir le lieu du massacre de la mission Flatters, qui ne serait pas à Bir-el-Garama, mais à **Tadjenout.**

Le 2 février, la mission atteint Inazaoua ou Aïn-Azaoua, à 20 kilomètres au sud d'Asiou, soit à 1,928 kilomètres d'Ouargla.

Une redoute qu'on a baptisée **Fort Flatters** a été construite à l'entrée de l'**Aïr.**

Depuis Tadent, la route a été pénible. Le ravitaillement a pu fonctionner depuis Temassinin, grâce aux dispositions prises par le **capitaine Pein,** du bureau arabe. Le troisième convoi de ravitaillement a pu arriver à Inazaoua.

Il n'y a eu aucune menace d'attaque. Quelques maraudeurs seulement ont paru, sans oser rien tenter.

A cette date, la mission n'avait perdu que 2 hommes et 300 chameaux.

Les dernières nouvelles reçues annoncent son arrivée à Agadès, d'où elle gagnera le Niger ou le Tchad, selon l'état sanitaire et les renseignements recueillis sur l'empire de **Rabah** (1).

NIGER

Mission Voulet.

Une autre mission, ayant pour objectif le Tchad et commandée par le capitaine Voulet, est partie de Say à la fin de l'année 1898, pour prendre possession des territoires situés au nord de la ligne fixée par la convention du Niger.

Elle comprend 5 officiers (2), 3 sous-officiers européens, 50 tirailleurs réguliers, 200 auxiliaires, 20 spahis, 1 canon.

On avait espéré un instant que cette mission pourrait se réunir à la mission Foureau-Lamy ; malheureusement, les dernières nouvelles reçues (mai 1899) font connaître que la mission Voulet n'a pas dépassé le **Maouri** (3). Sa marche vers l'Est aura probablement été arrêtée par des événements qu'on apprendra plus tard.

Le Transsaharien.

De la réussite des missions Lamy et Voulet dépend sans doute l'avenir du Transsaharien.

Quand, il y a 20 ans, on commença à en parler, on n'entrevoyait

(1) Rabah est un ancien esclave, devenu plus tard un des lieutenants de Zobéir-Pacha, le grand négrier du Soudan égyptien. Fuyant devant les Derviches, il vint en 1892 conquérir les régions au sud et à l'ouest du Tchad, renversant le sultan de Bornou, avec lequel Monteil avait signé un traité en 1891, et détruisant la ville de Kouka.

(2) Capitaines Voulet, Chanoine ; lieutenants Pallier et Goalland ; docteur Henric.

(3) Le Maouri est au nord du Sokoto, à l'ouest du pays de Zinder.

que la question commerciale, et les détracteurs d'un tel projet avaient beau jeu, le trafic promettant d'être à peu près nul.

Aujourd'hui la question ne se pose plus ainsi, et M. **Leroy-Beaulieu** l'a reprise d'après les idées suivantes :

« L'Afrique française forme désormais un tout. Il faut donc un chemin de fer : 1° pour relier les diverses parties, leur donner la vie; développer la production, en extraire les ressources ; 2° pour en assurer la sécurité et l'intégrité, en transportant en quelques jours au point voulu les effectifs suffisants.

L'Algérie-Tunisie est le véritable réservoir des forces dont on pourrait disposer. En quelques semaines, plusieurs milliers d'hommes seraient amenés à destination, prêts à appuyer par les armes les arguments de la diplomatie.

C'est là que, d'après lui, doit être la tête de ligne.

L'exécution d'un pareil chemin de fer est-elle possible et les sables ne constituent-ils pas un obstacle invincible ?

Il n'y a qu'à jeter un regard dans le monde pour répondre.

En **Australie**, 2,000 kilomètres sans eau sont sillonnés par une voie ferrée ; en **Asie**, les Russes sont arrivés à **Samarcande** à travers les sables de la Turkménie ; en **Egypte**, les Anglais n'ont-ils pas fait en deux ans, entre **Wadi-Halfa** et l'**Atbara**, un chemin de fer de 800 kilomètres à travers le désert de **Nubie** (coût. 26 millions seulement) ?

Ce chemin de fer peut donc être construit. Mais ne coûtera-t-il pas trop cher ?

D'Algérie au Tchad il y a 2,500 kilomètres de voie à poser. Mais si en France un kilomètre de voie coûte 300,000 fr. en moyenne, il peut, dans les régions désertiques, ne pas dépasser 60,000 fr. ; 200 millions seraient donc suffisants.

En construisant la voie ferrée d'après les procédés indiqués par les Russes et utilisés depuis par les Anglais et nous-mêmes en Tunisie pour le chemin de fer de Sfax à Gafsa, on fait un kilomètre par jour. En 8 ans, elle pourrait être au Tchad.

La question de sécurité d'une pareille ligne est à considérer, mais il ne faut pas trop s'y arrêter. Les populations se rendront

bien vite compte des avantages du chemin de fer et seront les premières à assurer sa libre circulation. »

Les Turkmènes de l'Asie centrale étaient pour le moins aussi
intraitables et féroces que le sont jusqu'alors les Touareg, et ils se
sont apprivoisés rapidement.

Il faut cependant faire remarquer ceci : c'est qu'il manque à la
France un élément important que la Russie possède et qui fait sa
grande force en matière de colonisation. Elle a les Cosaques, et
ceux-ci sont à l'avant-garde aussi bien pour combattre que pour
coloniser.

Une fois la conquête assurée, on fait venir leurs familles, on les
répartit dans les lieux habités et ils commencent à cultiver ce sol
désormais russe, puisque y flotte le drapeau national. Les Cosaques sont les premiers colons.

En France, le soldat colon n'existe pas. Malgré tous ses efforts,
le maréchal Bugeaud n'a pu le créer en Algérie. Aujourd'hui, on le
pourrait moins que jamais.

L'exécution d'un pareil chemin de fer peut être tentante, mais,
avant de se lancer dans l'inconnu et à travers un pays qui ne produit encore rien, ne paraît-il pas plus sage de commencer ce
chemin de fer aux extrémités, sur tout le cercle de l'Afrique française, et d'organiser des réserves, des milices coloniales indigènes
dans les diverses régions ?

Pourquoi songer à envoyer au Tchad des troupes européennes
d'Algérie, alors qu'il est si facile d'organiser les Soudanais de la
boucle du Niger et les Noirs du Congo, qui ont donné la mesure
de leurs qualités militaires ?

Que l'on pousse des voies ferrées à **Say** sur le Niger, à **Bangui**
sur l'Oubangui, elles draineront tout le commerce possible de ces
régions et elles permettront de transporter des troupes aux points
voulus bien plus rapidement et sûrement qu'en traversant le
Sahara.

CONGO FRANÇAIS

Mission Gentil.

En 1895, M. Gentil reprend le programme de Paul Crampel. Arrivé à Loango le 27 juillet 1895, il quitte Brazzaville le 28 octobre et arrive au poste de **Ouaddas** au nord de Bangui le 12 décembre.

Son intention est de remonter le cours de la **Kémo** et d'atteindre le Chari, tributaire du Tchad, en prenant pour base l'itinéraire de la mission Maistre en 1892.

C'est à Ouaddas qu'il complète sa mission dont la composition est la suivante : 4 Européens, 40 Sénégalais, 70 Indigènes armés de fusils à piston et de carabines Gras, un bateau démontable, le « **Léon Blot** ».

Le 1er janvier 1896, il atteint le confluent de la Kémo et de la Tomi, remonte celle-ci jusqu'à **Krébadjé** où un poste solide est créé (mars 1896). Ayant été assez heureux pour nouer d'amicales relations avec les tribus qui avaient autrefois attaqué la mission Maistre, grâce à leur concours il atteint la **Nana**, affluent du Gribingui, et c'est sur ses bords que l'on procède au montage du « Léon Blot ». Une année est employée à cette opération, à la reconnaissance de la région et des cours d'eau.

En avril 1897 tout est prêt, quand d'inquiétantes nouvelles parviennent au camp au sujet de l'attitude des musulmans chez lesquels fut assassiné Crampel dont le chef s'appelle **Snoussi**. Il est nécessaire d'attendre des renforts avant de continuer l'exploration.

Le 16 juin, le vapeur arrive au poste du **Gribingui**.

Au mois d'août, le « Léon Blot » file à toute vapeur sur le bas Gribingui (60 mètres de largeur,) et débouche dans le **Chari**, fleuve à rives élevées et d'une navigation sûre. Au confluent, il a 180 mètres de largeur.

Le 3 septembre, la mission est à **Bousso** d'où l'on entame les négociations avec le sultan du Baguirmi, **Gaourang,** homme de 32 ans et très intelligent.

M. Gentil se rend à **Massénya**, sa capitale, en suivant le bras oriental du Chari et signe un traité qui place le Baguirmi sous la protection de la France.

A 250 kilomètres du Tchad, on ne pouvait renoncer à l'entrevoir. Aussi, bien que le pays plus au nord fût sous la domination de Rabah, M. Gentil risque le voyage.

Le 27, il atteint le confluent du **Logone**, fleuve magnifique à fort courant. Sur le bas Chari les garnisons de **Koussouri, Goulféï** ne manifestent aucune hostilité et, le 30 octobre, le Léon Blot navigue sur les eaux du Tchad et y parcourt 30 kilomètres.

Mais la situation est trop dangereuse. M. Gentil repart 3 jours après et rentre dans le Baguirmi qu'il quitte bientôt, emmenant avec lui quatre chefs de la région qui viennent à Paris comme ambassadeurs.

Le succès de cette mission assure à la France le bassin du Chari et la rive sud du Tchad, aussi dans la convention du 14 juin 1898, l'Angleterre voulut bien nous la concéder.

Après le départ de la mission, les choses se sont gâtées au Baguirmi. Rabah a envahi la région et l'a ravagée de fond en comble.

Gaourang avec 400 fusils contre 8000 a agi sagement en brûlant sa capitale et en venant se réfugier au poste français de Bousso sur le Chari.

Depuis ces événements, le lieutenant de vaisseau **Bretonnet,** nommé Administrateur, a d'abord été désigné pour aller reprendre et continuer l'œuvre de M. Gentil ; puis, au commencement de 1899, celui-ci ayant accepté les fonctions de Commissaire du Gouvernement dans le Chari vient de repartir pour le rejoindre et étendre l'influence française dans la région. Ses collaborateurs sont :

MM. Bretonnet, les capitaines **Robillot** et de **Cointet,** le médecin militaire **Sibut** (1), les administrateurs **Bruel** et **Rousset** et le chef d'exploration de **Mostuéjouls.**

(1) Le docteur Sibut est mort dans les premiers mois de 1899.

Les contingents qui, avant Fachoda, occupaient le Bahr-el-Ghazal, ont été ramenés en arrière et dirigés sur le Chari pour renforcer les troupes qui y opèrent.

La réunion sur le Tchad des missions Foureau-Lamy, Voulet, Gentil serait un événement des plus remarquables. La puissance de Rabah lui laisse peu de chances de se réaliser.

Mission de Béhagle.

La réussite de la première mission Gentil avait décidé MM. de Béhagle et Bonnel de Mézières à tenter l'exploration scientifique et commerciale des régions comprises entre le Congo-français, le Tchad et l'Algérie. Leur but était de créer des courants commerciaux réguliers se substituant aux caravanes tripolitaines.

Le personnel et le matériel de la mission sont arrivés en mars 1898 à Bangui : 3 Européens, 200 Noirs, 30 Haoussas, un interprète arabe, un sergent sénégalais, 20 tonnes de vivres et de marchandises, 4 pirogues en tôle d'acier ayant 16 mètres de longueur sur 0,80 de largeur et de profondeur, calant moins de 0,50 en pleine charge. Chacune est divisée en tranches de 2 mètres formant 8 caisses de 160 kilogs. Par suite d'une disposition spéciale chaque caisse peut se transformer en brouette que 2 hommes peuvent rouler aisément.

En Août 1898, la mission avait dû atteindre le **Gribingui**. C'est par M. Bonnel de Mézières qu'on a appris les derniers événements du **Baguirmi**, événements qui certainement ont dû arrêter la marche de la mission.

Mission Fourneau.

Enfin une dernière mission confiée à MM. Fourneau et Fondère, administrateurs, intéresse également l'expansion vers le Tchad.

Cette mission comprenant 35 tirailleurs réguliers et 180 porteurs, le lieutenant Fourneau, le docteur Spire et M. Hellier, agent commercial, a pour objet l'étude d'une voie de communication de **Libreville** à **Ouesso** (Sangha) soit 1000 kilomètres en pays Pahouin.

Réunie en février 1899 à Ouesso, la mission comptait partir en mars et atteindre Libreville en juin.

CHAPITRE III.

VERS LE NIL

Mission Marchand

Ainsi que la mission Monteil en 1894, la mission du capitaine Marchand avait l'ordre d'occuper le **Bahr-el-Ghazal** et d'atteindre **Fachoda** sur le Nil.

Composition au départ : capitaines **Baratier, Germain, Mangin** ; lieutenant **Largeau** ; officiers de marine : **Morin, Dyé** ; interprète : **Landeroin** ; 12 sous-officiers européens, 150 sénégalais.

Le 23 juillet, elle arrive à **Loango.** La révolte sévit entre Loango et Brazzaville, le capitaine Marchand est chargé de la réprimer. Dans cette période, pris d'un accès de fièvre fort grave, il fut pendant plusieurs jours à deux doigts de la mort. Le 1er mars 1897, la mission quitte Brazzaville et remonte l'Oubangui pour gagner le Haut-Mbomou. Le premier projet la faisait passer par **Dem-Ziber**, mais **M. Liotard,** préféra faire directement l'occupation de cet ancien poste égyptien et décida Marchand à passer par **Tamboura** et le **Soueh.**

Le 17 avril, le pavillon français flotte à Dem-Ziber.

Au mois de mai, arrivé sur le M'bomou, Marchand met deux mois à amener sa flottille de ravitaillement au delà des rapides qui obstruent le M'bomou inférieur. On employa jusqu'à 1.700 hommes pour tirer les embarcations par la route de terre traversant un pays très mouvementé. Le Haut-M'bomou était-il navigable ? Heureusement il l'était, ainsi que l'établit la reconnaissance du capitaine **Baratier** (1er juin — 3 août 1897). C'était un bief de 400 kilomètres conduisant à 70 kilomètres de Tamboura. Le 10 septembre, la flottille atteignait le confluent de la **Méré** et du M'bomou.

Pour être sûr qu'aucune mission anglaise ne s'avançait de l'**Ouganda** vers Fachoda, Marchand fait une pointe vers l'Est jusqu'à 80 kilomètres de **Lado** : aucune troupe d'Européens n'a été signalée. Rejoignant le gros de la mission, il repart pour se rendre compte de la navigabilité du **Soueh** et va ainsi jusqu'au confluent de la **Waou** (fort Desaix, 360 kilomètres). Le 13 septembre il est de retour. Le Soueh n'est navigable qu'à **Kodjalé**, à 160 kilomètres en aval, d'où un portage qu'il fallut faire franchir aux deux canonnières, le Faidherbe et le Nil, et aux 10 chalands, à travers la grande brousse.

En novembre, la mission et la flottille étaient réparties sur le Soueh dans les trois postes de **Kodjalé, les Rapides, Fort Desaix** quartier général.

Dans cette période, on occupe le pays et l'on établit de bonnes relations avec la puissante tribu des **Dinkas**.

Au commencement de 1898, de nouveaux bruits circulent sur la marche d'une troupe de blancs venant du sud ; des détachements sont envoyés en reconnaissance et Dem-Ziber envoie 100 tirailleurs de renfort.

Le capitaine **Baratier** part avec l'interprète faire la reconnaissance du Bahr-el-Ghazal jusqu'au Nil ; le lieutenant **Largeau** fait celle du Bahr-el Homeur, affluent principal du Bahr-el-Ghazal. Dès que le capitaine Baratier peut faire savoir que l'on est bien sur le bras qui conduit au Nil, le reste de la mission quitte Fort Desaix vers le 1er mai et arrive à Fachoda le 10 juillet.

La bataille d'**Omdurman** est livrée le 2 septembre suivant, et quelques jours après on apprend en Europe la réussite de la mission Marchand et les prétentions de l'Angleterre.

Le résumé historique suivant établira la valeur de ces prétentions.

Le **Soudan égyptien**, au sud de Khartoum, fut conquis par l'Égypte en 1870. En 1881, lors de la révolte d'Arabi-Pacha, on rappela les troupes égyptiennes du Soudan qui alors s'insurgea à la voix du Mahdi. Après **Tell-el-Kébir**, on posa la question de savoir si l'on garderait ou non le Soudan. L'Angleterre conseillait l'abandon alors que le khédive était de l'avis contraire. Après le désastre du général Hicks à **Kasghil** (5 nov. 1883) où 12.000 hommes périrent, l'Angleterre imposa l'abandon et l'ordre d'évacuation fut envoyé à **Gordon** dans **Khartoum**. Il ne consentit à évacuer que l'Equatoria (région des Grands Lacs) et le Bahr-el-Ghazal.

En 1884, quand lord Wolseley organisa l'expédition pour débloquer Khartoum, le gouvernement anglais spécifia encore que ces deux provinces, plus le Darfour et le Sennaar, seraient abandonnées.

Lord Wolseley arriva trop tard pour sauver Gordon et quitta la Haute Égypte sans avoir rétabli le protectorat. C'était donc bien la consécration de l'abandon.

Seul, **Emin** était resté dans l'Equatoria, malgré une dépêche de Nubar Pacha datée de 1885, lui confirmant l'évacuation du Soudan et l'avertissant que s'il s'obstinait à rester, c'était à ses risques et périls. Emin resta. Cela ne faisait pas l'affaire de l'Angleterre qui, en 1887, donna à **Stanley** la mission de le décider à partir ou de l'emmener de force, ce qu'il fit en 1889.

Dès lors, le jeu de l'Angleterre se découvre : le Soudan égyptien n'est plus à personne, donc il est à elle. Tous ses actes et toutes les conventions qu'elle signe avec les diverses puissances témoignent de ses intentions.

En 1890, elle partage les **États de Zanzibar** avec l'Allemagne en lui rendant **Helgoland**. En 1893, elle lui permet d'étendre le **Cameroun** jusqu'à l'extrême limite du bassin du Chari, mais l'Allemagne reconnaît ses droits sur le Haut Nil En 1891, l'Italie les reconnaît également, en échange d'avantages sur les frontières abyssines. En 1892, l'Angleterre fait occuper par le capitaine Lugard cette province d'Equatoria d'où elle a fait partir Emin et dans laquelle nos missions catholiques ont fait prévaloir l'influence française.

Depuis, les diverses missions qu'elle a organisées (Colville, Mac Donald, Cavendish) pour descendre de cette région vers Fachoda, n'ont jamais pu réussir.

En 1894 elle concède à bail, à l'état belge, le Bahr-el-Ghazal. (Convention annulée par l'action de la France, 14 août 1894).

Il n'y a donc pas de doute. L'Angleterre a fait évacuer le Soudan égyptien pour pouvoir l'occuper, et comme deux précautions valent mieux qu'une, elle avait dépossédé le sultan de Zanzibar pour y accéder par la porte du sud dans le cas où celle du nord lui aurait été fermée.

En 1895, quand circulent les premiers bruits de la marche de M. Liotard vers le Bahr-el-Ghazal, un membre du Parlement anglais, sir Edward Grey, fait observer que « ce serait de la part de la France un acte peu amical ». Le Ministre anglais des affaires étrangères lui répond que des négociations sont entamées à ce sujet entre les deux puissances.

A cette époque, M. Hanotaux se contente de faire remarquer qu'il ne méconnaît pas les droits du Sultan de Constantinople et du Khédive, mais qu'il rattache la question du Soudan à l'ensemble de la question d'Égypte.

L'Égypte ayant évacué le Soudan, il rentre dans la catégorie des territoires à partager, et d'après les actes européens, il appartiendra à la nation qui, la première, le fera occuper d'une façon effective et efficace.

Si vraiment l'Angleterre considérait le Soudan comme appartenant toujours à l'Egypte, n'aurait-elle pas dû signer les diverses conventions au nom de cette puissance ? Or, le nom de l'Egypte ne figure sur aucune d'elles. Et malgré cela, après Fachoda, c'est au nom de l'Egypte qu'elle revendique le Soudan !

Le dernier argument que firent valoir les ministres anglais s'appuie sur ce fait, que les forces françaises arrivées à Fachoda étaient insuffisantes pour occuper la région d'une façon « *efficace* ».

Qu'était-ce en effet que les 150 hommes de Marchand contre les 1200 hommes et les 9 canons du Sirdar Kitchener soutenus par les 20,000 de Khartoum.

La question de droit n'était pas douteuse, mais la faiblesse a dû céder à la force !

La diplomatie française a commis là une faute impardonnable. Si elle n'était pas décidée à agir, elle devait rappeler Marchand et ses compagnons et ne pas les laisser risquer leur vie pour une œuvre inutile.

Si elle les laissait marcher vers le Nil, elle devait alors, sans perdre de temps, tâter l'opinion des puissances et poser la Question égyptienne, c'est-à-dire : *abandon de l'Egypte par l'Angleterre, neutralité de l'Egypte et internationalité du Nil.*

En tous cas, elle devait à tout prix faire en sorte d'avoir obtenu une solution honorable, pour qu'en cas de réussite, les membres de la mission soient avisés immédiatement des résultats de leur entreprise, avant d'avoir subi la menace des canons anglais.

Quelle ne dut pas être leur stupeur, après avoir supporté mille souffrances et mille fatigues, bravé la mort de toutes façons, dans leurs luttes contre les éléments, la fièvre, la faim, les indigènes, les Derviches, de voir toute leur œuvre à la merci de canons européens !

Ils attendaient les Anglais presque comme des libérateurs et ce sont des spoliateurs qui ont surgi.

Car au fond, il faut bien l'avouer, dans les conditions d'isolement où la mission se trouvait à Fachoda, elle était vouée au sort de Gordon dans Khartoum si les Anglais n'avaient écrasé les Derviches.

Aussitôt arrivé à Fachoda, le capitaine Marchand avait fait relever les fortifications de l'ancien poste égyptien. Bien lui en avait pris, car le 25 août, 2 vapeurs montés par un millier de Derviches paraissent en vue. Leur attaque est repoussée, mais les bateaux passent devant le poste et remontent le Nil vers le confluent du Bahr-el-Ghazal.

Il y eut là un terrible moment d'angoisse pour nos compatriotes, car ils attendent le **Faidherbe** d'un instant à l'autre par cette direction. Si la fatalité l'amène à cet instant, il est pris et avec lui la réserve de munitions. Heureusement cette crainte ne se réalise pas. Les vapeurs redescendent bientôt, essuient à nouveau les feux du fort et s'enfuient.

Les Derviches étaient venus, ils pouvaient revenir et cette fois en plus grand nombre et bloquer la place. Leur défaite à Omdurman supprima cette éventualité.

Quatre jours après, le 29 août, le Faidherbe arrive avec 50 tirailleurs et le **capitaine Germain.**

Il apporte des dépêches du ministère donnant l'ordre à M. Liotard d'envoyer les renforts nécessaires et urgents à la mission et au capitaine Marchand *de se relier avec une mission qui vient de l'Abyssinie* (1).

C'est pour tenter cette jonction que le **capitaine Baratier,** au commencement de septembre, part avec le Faidherbe. Il remonte le **Sobat,** mais les habitants de la région, les **Nouirs,** ne peuvent lui donner aucun renseignement.

Il revient à Fachoda le 13 septembre.

Le 19, le sirdar Kitchener arrivait en force à Fachoda et faisait connaître au capitaine Marchand qu'il était autorisé à déclarer que la présence d'une troupe française dans la vallée du Nil était regardée comme une violation directe des droits de l'Egypte et de la Grande-Bretagne, et que, suivant ses instructions, il devait protester dans les termes les plus énergiques. Marchand ayant répondu qu'il ne pouvait évacuer sans ordres une région que son gouvernement lui avait prescrit d'occuper, le Sirdar lui demanda s'il était prêt à résister à l'ordre qu'il avait reçu de rétablir à Fachoda l'autorité égyptienne, et il lui fit l'énumération de ses forces.

La résistance était évidemment inutile. Le drapeau égyptien fut hissé à 500 mètres du pavillon français.

Le Sirdar laissa à Fachoda un bataillon et 4 canons et partit le même jour vers le Sud. Le 20, il était au confluent du Sobat où il laissa deux compagnies. Au retour il prévint Marchand que le

(1) Lettre du capitaine Baratier, datée de Fachoda 14 septembre.

Cette mission, conduite par M. de Bonchamps était arrivée fin décembre 1897 à 200 kilomètres du Nil par le Sobat ; à bout de forces et de ressources elle avait rebroussé chemin.

Bahr-el-Ghazal serait également surveillé par les canonnières et que dorénavant « *tout transport de munitions de guerre sur le Nil était absolument interdit* ».

La parole était désormais à la diplomatie. Chacun est fixé sur la façon dont elle a su faire valoir les droits français de premier occupant.

Le 4 novembre, le Conseil des ministres décidait l'évacuation de Fachoda. La mission rentrait en France par le Sobat et l'Abyssinie.

Le 21 mars 1899, l'article 4 de la convention du Niger était modifié dans le sens suivant qui réglait définitivement la question:

Convention franco-anglaise.

L'article 4 de la convention du 14 juin 1898 est complété par les dispositions suivantes qui seront considérées comme en faisant partie intégrante :

1° Le Gouvernement de la République française s'engage à n'acquérir ni territoire ni influence politique à l'est de la ligne frontière définie dans le paragraphe suivant, et le Gouvernement de Sa Majesté britannique s'engage à n'acquérir ni territoire, ni influence politique à l'ouest de cette même ligne.

2° La ligne frontière part du point où la limite entre l'État libre du Congo et le territoire français rencontre la ligne de partage des eaux coulant vers le Nil de celles qui s'écoulent vers le Congo et ses affluents.

Elle suit en principe cette ligne de partage des eaux jusqu'à sa rencontre avec le 11e parallèle de latitude nord. A partir de ce point, elle sera tracée jusqu'au 15e parallèle de façon à séparer en principe le royaume de **Ouadaï** de ce qui était en 1882 la province de **Darfour,** mais son tracé ne pourra, en aucun cas, dépasser à l'Ouest le 18° 40' Est de Paris, ni à l'Est le 20° 40' Est de Paris.

3° Il est entendu en principe qu'au Nord du 15e parallèle la zone française sera limitée au Nord-Est par une ligne qui partira du point de rencontre du tropique du Cancer avec le 13° 40' Est de Paris, descendra dans la direction du Sud-Est jusqu'à sa rencontre avec le 21°40' Est de Paris et suivra ce méridien jusqu'à sa rencontre au Nord du 15ᵉ parallèle de latitude avec la frontière du Darfour telle qu'elle sera ultérieurement fixée,

4° Il est convenu que les dispositions de l'article 9 de la Convention du 14 juin 1898 s'appliqueront également aux territoires situés au Sud du 14°20' de latitude Nord et au Nord du 5° degré de latitude Nord entre le 12° Est de Paris (1) et le cours du Haut-Nil.

Ces dispositions de l'art. 9 visent les avantages que se concèdent les deux nations pendant 30 années, en ce qui concerne la navigation fluviale, le commerce, le régime douanier et fiscal et les taxes de toute nature.

———

Ainsi donc, alors que l'Angleterre obtient une possession effective de territoires déjà préparés à l'influence européenne (à part le Kordofan et le Darfour) et dans lesquels n'a jamais paru le moindre anglais, la France gagne une simple sphère d'influence sur le **Ouadaï**, le **Borkou**, le **Tibesti**, le **Kanem**, et comme l'Angleterre a les mêmes avantages commerciaux que nous dans ces régions, il ne nous reste plus qu'à en faire la conquête pour assurer le débouché des produits anglais !

En outre, cette convention nous amène jusque dans l'Hinterland de la Tripolitaine, vers Rhat et Mourzouck.

Or, la Tripolitaine est sous la suzeraineté du sultan de Constantinople et d'autre part l'Italie a depuis longtemps affiché ses prétentions sur cette province. Celle-ci a de suite protesté et la question a été portée devant le Parlement italien qui a pu affirmer que la France n'avait aucunement l'intention d'étendre son influence dans cette direction.

Enfin, l'abandon par la France du Bahr-el-Ghazal replace le Congo belge dans la situation de la convention Anglo-Belge de 1894. Il serait curieux que l'Angleterre lui concédât à nouveau le droit de l'occuper. On verrait alors reparaître le drapeau belge dans ces régions à la place du pavillon tricolore. Cette substitu-

(1) Ce méridien coupe à peu près le Tchad par le milieu.

tion, succédant au retrait de nos troupes, n'augmenterait pas notre prestige dans cette partie de l'Afrique. (1)

Quoi qu'il en soit et malgré ce que disent les journaux anglais « que la question de l'Egypte et du Nil moyen reste intacte » on peut affirmer dès maintenant que, *depuis les Grands Lacs jusqu'à son embouchure, le Nil est un fleuve anglais.*

Ce n'était certainement pas ce résultat qu'espéraient de leur mission Marchand et ses compagnons en s'embarquant à Marseille le 25 juin 1896 !

Néanmoins leur œuvre n'aura pas été inutile et s'ils ont droit à l'admiration de tous les Français, ils ont également droit à leur reconnaissance, car ils leur ont à jamais, espérons-le, ouvert les yeux sur la valeur des protestations amicales du peuple anglais et démontré la nécessité de préparer autant la défense de nos frontières maritimes que celle des frontières des Alpes et des Vosges.

Pour terminer cette question attristante, il peut être intéressant de rappeler le discours de M. Deloncle, acclamé par la Chambre entière, le 7 février 1898, lors de la discussion du budget des Colonies, sept mois avant Fachoda.

« Aujourd'hui, l'heure est venue où, forts d'une alliance que « personne ne conteste plus, nous devons saisir la première occasion « de marquer au concert européen notre désir que les engagements « pris par l'Angleterre, il y a quinze ans, soient enfin tenus ; que le « Nil sur lequel nous avons aujourd'hui un pied solide, soit ouvert « au commerce des nations, qu'il ne soit pas réservé à des mono- « poles, à des Compagnies à Charte anglaises, ainsi qu'il est ques- « tion d'en créer, pour faire indirectement du Soudan une province « anglaise ; enfin que l'Egypte soit évacuée par les troupes britan- « niques et que le canal de Suez retrouve sa liberté de jadis.

« L'Angleterre semble se résigner au sujet de ce qui se passe en « Chine, son attitude dit clairement « *Je sacrifie tout pour garder le* « *Nil.* »

« C'est là le danger, et pour la liberté du commerce dans la val-

(1) En outre des postes du Nil à Lado et Redjaf, les Belges ont un poste important à Dongou avec une garnison de 1000 hommes et 6 canons.

« lée du Nil, pour la liberté de la navigation dans la Méditerranée,
« et pour toute l'Afrique. *Si à la première occasion prochaine nous ne*
« *soulevons pas, comme le réclament nos devoirs les plus sacrés, la*
« *question d'Egypte, la question du Nil, ce sera l'Afrique perdue pour*
« *l'Europe, ce sera l'Afrique à l'Angleterre.* » (Applaudissements !)

Après Fachoda, cette occasion s'offrit. La Chambre se contenta de sauver la situation par la dignité de son attitude, louée unanimement par les journaux anglais.

La mission Marchand a quitté Fachoda le 11 décembre 1898 avec tout son personnel moins les malades qui rentrent par la voie du Nil (2 sous-officiers européens et 7 sénégalais).

Au moment du départ, le commandant Marchand a reçu du Lieutenant-Colonel Jackson commandant la garnison égyptienne de Fachoda, l'étendard de l'émir contre lequel la mission combattit le 25 août. Le Faidherbe, suivi de quelques chalands, prit la direction du Sobat que l'on put remonter jusqu'à **Itioc**, point où la flottille a été laissée (11 janvier).

Fin janvier la mission était à **Bourré** où elle se réunit à la caravane des deux médecins français envoyés par Ménélick. Le 11 Mars elle arriva à **Addis-Ababa** et le 16 Mai elle attei gnit **Djibouti**.

COTE DES SOMALIS.

Enfin l'expansion vers le Nil s'est produite par la colonie **d'Obock-Djibouti** dont le nom officiel est aujourd'hui **Côte des Somalis** (1896).

Obock fut d'abord le chef-lieu, mais comme il n'y avait pas d'eau et que la rade de Djibouti était plus accessible, c'est à Djibouti qu'en 1896, on transporta la résidence du Gouverneur. Le port de Djibouti s'est rapidement développé. C'est aujourd'hui le principal débouché du **Harrar** et du **Choa**. En deux ans la population a triplé. (13,000 dont 1000 européens.)

En mars 1899 le lieutenant de vaisseau **Mizon** a été nommé gouverneur en remplacement de M. **Lagarde**, maintenu à la Cour du Négus comme ministre plénipotentiaire (1).

Au moment de quitter Mayotte, pour rejoindre, Mizon mourut subitement. Il fut remplacé à Djibouti par M. **Martineau** secrétaire-général des Colonies.

Les bonnes relations entre la France et l'Abyssinie datent du traité de 1843. Après la défaite des Italiens à **Adoua** (1er mars 1896) qui établit d'une façon définitive la souveraineté de Ménélick, on songea à les utiliser pour gagner le Nil par cette direction. Mais là encore apparaît le manque de suite dans les idées du gouvernement.

Missions Bonvalot et Léontieu-d'Orléans. — Deux missions s'organisent l'une privée, l'autre officielle. Au lieu d'agir de concert, elles vont se gêner mutuellement. Que s'est-il passé au juste? On ne sait, mais les résultats prouvent qu'on n'a pas agi pour maintenir l'union entre ces deux forces : Bonvalot-d'Orléans qui naguère ont traversé ensemble toute l'Asie.

Les chefs des deux missions se rendent isolément à la Cour du Négus et tous deux rentrent en France. La mission d'Orléans est ajournée ; la mission Bonvalot devient la mission de Bonchamps.

Mission de Bonchamps.

Partie de Djibouti au mois de février 1897, la mission était arrivée à Harrar en mars, et le 23 avril à **Addis-Ababa**. Elle quitte cette localité le 17 mai sous le commandement de M. de Bonchamps.

Effectif. — 4 européens, 40 abyssins, convoi de 55 bêtes de somme (chameaux et mulets).

Le 28 juin, elle atteint **Goré**, où quelques jours après arrive la mission du **capitaine Clochette**.

Là, commencèrent les difficultés avec les autorités abyssines de la région. Ou Ménélick avait donné des ordres insuffisants, ou bien son influence sur ces régions n'était pas assez complète pour qu'ils soient exécutés.

Le 5 août seulement, après de nombreux messages expédiés

(1) Budget : 400,000 fr. à la colonie ; 150,000 à la mission diplomatique.

au Négus et restés sans effet, la mission quitte Goré pour aller à **Bourré**, où quelques jours après, on apprend la mort du capitaine Clochette, décédé à Goré.

C'est la saison des pluies, les rivières grossies deviennent difficiles à traverser, les maladies apparaissent En outre, les vexations recommencent et les porteurs désertent. M. de Bonchamps se trouve dans la plus pénible des situations.

Deux membres de la mission, MM. Michel et Bartholin, s'offrent pour aller demander des secours à Ménélick.

Partis le 3 septembre pour Addis-Ababa (600 kilomètres) ils reviennent le 30 octobre à Goré ; la mission Clochette est fondue dans la mission de Bonchamps, des instructions renouvellent aux chefs l'ordre de protéger les Français.

Le 30 novembre, la marche vers le Nil est reprise. On descend les hauts plateaux de Bourré (+ 1600) et l'on atteint la vallée du Baro que l'on va suivre désormais sur la rive gauche.

A partir du 32º de longitude, les villages disparaissent ; c'est le commencement de l'immense plaine marécageuse qui s'étend jusqu'au-delà du Nil, dans le Bahr el-Ghazal.

Le 29 décembre, la mission arrive au confluent de la **Djouba**. La rivière a 150 mètres de large, il n'y a pas d'embarcations pour la franchir ; en outre, les guides ont déserté, il n'y a presque plus de vivres, les animaux sont morts, les membres de la mission sont minés par les privations et les maladies.

Le 30 décembre, la mort dans l'âme, M. de Bonchamps donne l'ordre du retour. Le Nil était à 200 kilomètres !

Le 12 février 1898, il est à Goré. Là, il essaie de décider le dedjaz **Thessama**, gouverneur de la région, à repartir avec lui, mais, épuisé, il doit renoncer à continuer l'exploration.

Depuis, le dedjaz, à la tête d'une colonne importante, ayant avec lui deux européens de la mission Bonchamps, MM. Faivre et Potter, le colonel russe Artamanof, s'est approché du Nil en descendant le Sobat. Le 22 juin 1898, un groupe comprenant des européens atteignait son confluent avec le Nil.

Les **Nouirs** ne pouvant donner aucun renseignement sur la mission Marchand, qui arriva seulement le 10 juillet à Fachoda, le petit détachement reprit la direction de l'Est.

Ainsi donc, il est prouvé que si la France avait été soutenue d'une façon plus ferme par Ménélick, ou si elle avait agi plus énergiquement pour être soutenue, le drapeau tricolore eût pu flotter à Fachoda en janvier 1898. L'empereur abyssin a protégé les personnes mais n'a pas voulu s'associer aux intérêts de la France.

Peut-être faut-il encore chercher là la main de l'Angleterre ?

Pendant que les missions françaises faisaient leur œuvre, la mission anglaise **Rennel Rodd** s'acheminait en avril 1897 vers la Cour de Ménélick et, le 14 mai suivant, signait un traité dont le texte connu assure à l'Angleterre des avantages commerciaux et règle la frontière à l'Est et au Sud de **Zeila**, du Harrar et du Choa. Le gouverneur de Zeila est nommé représentant de la reine à la Cour éthiopienne.

La question des frontières du Nord et de l'Ouest vers le Nil aurait donc été réservée, ainsi que la frontière du Sud limitant l'extension de l'Est africain anglais vers le Nord.

On a cependant dit que l'Angleterre avait consenti à laisser à Ménélick toute la rive droite du Nil entre les 2e et 14e parallèles, mais on ne sait rien d'officiel.

Quoi qu'il en soit, voilà l'Angleterre à portée de l'Abyssinie ; déjà on annonce que le chemin de fer de **Berber** serait plus rapidement poussé vers le Haut-Atbara que vers **Khartoum**. On connaît assez de quelle façon les Anglais conduisent leur politique coloniale pour être fixé dès maintenant sur le sort futur de l'empire d'Éthiopie.

A l'Est du Nil, ainsi qu'à l'Ouest, l'Angleterre aura supplanté la France.

Le seul avantage réel obtenu par la diplomatie française est que le chemin de fer concédé à l'ingénieur suisse **Ilg** en 1894 et devant desservir Harrar, Entotto, le Nil, aurait pour point de départ Djibouti.

Actuellement, la voie est posée sur 80 kilomètres environ. Les chantiers ont été attaqués le 22 février 1899 par des tribus Somalis, mais cet événement ne compromet en rien l'achèvement de la ligne.

CONCLUSION

En résumé, *l'expansion française vers le Niger* n'attend plus pour être complète que la liaison de ce fleuve avec le Sud algérien. La mission Foureau-Lamy résoudra peut-être la question. *L'expansion vers le Tchad* est en bonne voie par le Congo français ; par le Sud algérien, elle dépend également de la mission Foureau-Lamy ; par le Niger, la mission Voulet n'a pu dépasser le Maouri.

En tout cas, il faudra vaincre Rabah, et si ce que l'on dit de sa puissance est vrai, ce sera un sérieux adversaire. Quant à *l'expansion vers le Nil*, elle est désormais classée.

Le rêve que l'on avait formé d'unir les Afrique françaises de l'océan Atlantique, de la Méditerranée et de l'océan Indien, par des territoires français, n'a pu être réalisé. La Convention du Niger a élevé les barrières qui séparent à tout jamais la France du Nil.

En présence d'un pareil résultat, on a le droit de rester rêveur, surtout si l'on évoque les souvenirs de Bonaparte, de l'action française qui a revivifié pour ainsi dire l'Égypte, de l'isthme de Suez ! Et l'on se demande pour quelles raisons l'empire africain de la France se trouve aujourd'hui à l'Ouest, alors que les véritables intérêts du pays, politiques, stratégiques et commerciaux exigeaient qu'il fût à l'Est ! Les hommes d'État qui gouvernaient en 1882 porteront lourdement dans l'histoire la responsabilité de la faute commise à cette époque en laissant l'Angleterre agir seule sur la terre égyptienne.

L'Angleterre a remplacé la France aux Indes, au Canada, aux Bouches du Niger, elle la remplace en Égypte, c'est la logique des choses !

Quoi qu'il en soit, la France, au lieu d'avoir une Égypte riche et civilisée, possède aujourd'hui un empire africain de richesse douteuse, habité par des populations à demi sauvages. Il y a lieu cependant d'essayer d'en tirer parti. L'action militaire a presque achevé son œuvre, c'est maintenant à l'action commerciale à se manifester. — On ne peut mieux faire que de terminer cette étude en lui souhaitant bonne chance.